L'ESPION CHINOIS

EN EUROPE.

Quod delirant reges, plectuntur Achivi.

VOLUME PREMIER

par Dubourg

A PECKIN.

Chez Ochaloulou libraire de l'Empereur Choanty dans la Rue des Tigres.

1745.

À Son Altesse Serenissime le Duc de Wirtenberg.

Monseigneur.

Il n'est point de livre qui n'ait son protecteur ; celui cy peut s'en passer moins qu'un autre, parceque ce n'est icy que le langage de la verité

C'est.

C'est de sa Bouche que je tiens tout ce que j'ecris, un tel livre ne sied bien que dans les mais de votre Altesse; Je doute qu'il yait bien de Princes en Europe, qui puissent jetter les yeux sur un miroir si sincere, avéc bien de la complaisance. Mais quand on a des autels dans tous les cœurs, on ne risque rien a donner audience a la Verité. C'est elle qui publie par tout, que les vertus les plus pures, & les plus eclatantes ont fixé leur Residence a Stugard: Je les depeindrai dans ce livre, & l'on y reconnoitra sans peine, que j'ay l'honneur d'etre avéc le plus profond respect,

de votre Altesse Electorale

le tres humble & tres obéissant serviteur

Du Bourg.

PREFACE,

C'eſt ici le veritable ouvrage d'un Chinois qui voyage en Europe depuis quelques années. Je me trouvois a Pekin, lors que ſon pere lequel eſt Mandarin de la premiere Claſſe, & premier Miniſtre de l'Empereur de la Chine, le fit partir pour ces Regions eloignées; j'etois initié dans les Miniſteres de la langue Chinoiſe, & je ſçavois aſſês bien presque toutes les langues de l'Europe; nous voyageons depuis trois ans. Jusques icy, je ne me ſuis point hazardé a traduire ces Lettres Chinoiſes pour en faire part au public. C'eſt le hazard qui les lui procure; j'en ay interpreté de vive voix quelques unes a des gens d'Eſprit; ils ont paru les gouter. C'eſt ce qui m'engage a rendre publiques c'elles qu'il ecrira deſormais; pour les arrerages, je ne me charge point de les donner maintenant; cela viendra peut etre dans la ſuite. Cet ouvrage ne peut manquer de plaire au public; Je le predis avec d'autant plus de confiance que le fonds des choſes ne m'apparteint pas; je n'y ſuis que pour le ſtile. C'eſt une agreable melange des mœurs de la Chine, & de celles de l'Europe; les Evenements même les plus ſinguliers, y ſeront rapportés; mais avec cet aſſaiſonement qui les rend agréables.

On ne trouvera point icy, certe Baſſe partialité qui degrade les ouvrages de ce genre. Enfans des tenebres & de la nuit, il noſent paroitre que ſous le Masque de la fiction, & le langage de la verité leur eſt presque toujours etranger. Et s'aviſerent ils jamais de nous en dedomager, par les agrements de leur ſtile, & la fineſſe des railleries? ils ne payeront jamais au bon gout ce qu'il lui doivent en ce genre. Je les tiens inſolvables.

TE-

TEMIRKAN
A
OROSMANI

I. LET.

Il lui fait une abregé de ce que Confucius le plus celebre Philoſophe de la Chine, a ecrit de plus ſenſé, & de plus agreable ſur le Bonheur des hommes.

Depuis trois ans, mon cher Orosmani, tu voyages dans des climats Etrangers; c'eſt plutot pour ſatisfaire ta curioſité, que pour former ta Raiſon, que ma tendreſſe ta permis de te ſeparer de moy. Je crains fort que les charmes des vices Européens ne ſoint funeſtes a ta vertu. N'oublie dons jamais les ſages preceptes du divin Confucius; Je ne ceſſerai jamais de te les rapeller. Ecoute ce qu'il dit ſur le Bonheur des hommes.

Voulés vous ſçavoir enquoi conſiſte le bonheur? Le voicy: un poete a décrit un chateau enchanté ou des amans & des amantes ſe cherchent ſans ceſſe avec beaucoup d'empreſſement & d'inquietude, ſe rencontrent a chaque moment & ne ſe reconnoiſſent jamais. Il y a un charme de la même nature ſur le Bonheur des hommes. Il eſt dans leurs propres penſées, mais ils n'en ſcavent rien ; Il ſe preſente mille fois a eux, & ils le vont chercher bien loin.

Ainſi chaque pas qu'ils font vers le Bonheur les en eloigne ; ne ceſſe ton pas d'etre heureux, auſſitôt que l'on ſent l'effort que l'on fait pour l'etre ? ſi quelq'un ſentoit les parties de ſon corps tavailler pour s'entretenir dans une bonne diſpoſition, croiriés vous qu'il ſe portat bien ? je tiendrois qu'il ſeroit malade. Le Bonheur eſt comme la ſanté, il faut qu'il ſoit dans les hommes ſans qu'il ly mettent, & s'il eſt un Bonheur que la ſeule Raiſon produiſe, il reſſemble a ces ſantés qui ne ſe ſoutiennent qu'a force de remedes, & qui ſont toujours tres foibles, & tres incertaines.

Ce qu'il y a de plus ſurprenant dans le Bonheur des hommes, c'eſt qu'on en doit la moitié aux yeux des autres & ſur tout de nos ennemis ; un Bonheur caché n'eſt pas bien grand. Qui peut ſe reſoudre a etre content d'un Bonheur qu'on poſſede ſans temoins ? les plus Braves veulent etre regardés pour etre Braves : & les plus heureux veulent etre auſſi regardés pour etre parfaitement heureux : que ſcais je meme, s'ils ne ſe reſoudroint pas a l'etre moins pour le paroitre d'avantage ? il eſt toujours ſur qu'on ne fait point montre de ſa felicité, ſans faire aux autres une eſpece d'inſulte, dont on ſe ſent ſatis-

satisfait. En fait de Bonheur c'est souvent l'exception qui flatte.

La mesure du Bonheur qui nous a été donnée est assés petite, il n'en faut rien perdre, & il est bon d'avoir pour les choses les plus communes, & les moins considerables une gout qui les mette aprofit; si on ne vouloit que des plaisirs vifs, on en auroit peu, on les attendroit longtems, & on les payeroit bien.

Ainsi quelle sagesse ne faut il pas pour menager son Bonheur! nous ne pouvons pas rompre avec tout ce qui nous environne: ce seroit pourtant bien le plus sur pour arriver au Bonheur. Quels seront donc les objets exterieurs auxquels nous laisserons des droits sur nous? Ceux dont il y aura plus a Esperer qu'à craindre. Il n'est question que de calculer, & la sagesse doit toujours avoir les jettons a la Main. Combien valent ces plaisirs là, & combien valent les peines dont il faudroit les acheter, ou qui les suivroint? onne scauroit disconvenir que selon les differentes imaginations les prix ne changent, & qu'un meme marché ne soit bon pour l'un & mauvais pour l'autre. Cependant il y a apeupres un prix commun aux choses principales; il n'y a que le veritable amour que l'on ne peut point evaluer, parcequil est sans prix.

Une attention scrupuleuse est necessaire pour le Bonheur, puisqu'ilne faut presque rien pour gater les plaisirs. Ce sont des Lits de Roses,

ou

ou il est bien difficile que toutes les feuilles se tiennent etendues, & qu'aucune ne se plie, cependant le pli d'une seule suffit pour incommoder beaucoup.

Ce qui compose le Bonheur, les plaisirs ne sont point assés solides pour souffrir qu'on les aprofondisse; il ne faut que les Effleurer. Ils ressemblent a ces terres Marecageuses sur lesquelles on est obligé de courir legerement, sans y arreter Jamais le pied. C'est la qu'il faut faire glisser le sentiment.

En effet les choses du Monde les plus agreables sont dans le fond si Minces, qu'elles ne toucheroint pas beaucoup si l'on y faisoit une reflexion serieuse. Les plaisirs ne sont pas faits, pour etre examinés a le rigueur; & on est tous les jours reduit a leur passer bien de Choses, sur lesquelles il ne seroit pas a propos des se rendre difficile.

Ainsi respectons les prejugés: il est bon de cultiver ceux qui sont les artisans de notre bonheur. Que l'on ote les Chimeres aux hommes quel plaisir leur restera t'il? Je n'en doute presque pas; si telle erreur étoit necessaire aux hommes, la nature auroit disposé notre cœur a nous l'inspirer. Le cœur est la source de toutes les erreurs dont nous avons besoin. Il ne nous refuse rien dans cette matiere lá.

Adieu.

a Peckin, le 28. de l'année du Rossignol.

NUMERO II.

LETTRE II.

OROSMANI A TEMIRKAN.

Il lui rapporte les Raisons pourquoi Mr. le Maréchal de Belle Isle est tranporté en Angleterre. & pourquoi Mr. le Comte de Schmettau est rappellé a sa cour. Il fait un parallele de ces deux generaux: auquel il joint le portrait du prince Charles de Lorraine.

Tu scais donner a la raison les graces les plus riantes; & la sagesse de Confucius en passant dans ton Esprit y prend des charmes qui la rendent adorable. Et maintenant quels reproches ne meritoris je pas, si ces prejugés de l'Enfance qui m'accompagnoint a mon depart de la Chine, y rentroint encore a mon retour? La sagesse vient s'offrir a moy par mille endroits differents, tantôt les sages lecons dont tu nournis mon Esprit font glisser la verité dans mon cœur; tantôt, la fermentation de l'Europe est pour ainsi dire un livre sans cesse ouvert devant moy; c'est là que je puise l'amour de la verité,

& la haine du vice; tranquille spectateur des mouvements dont l'Europe est agitée, j'eprouve tour a tour les sentiments de la haine, de la crainte, & de la pitié. Les fictions de nos Theatres n'excitent pas plus de sensibilité dans mon cœur, que la Tragicomedie que l'on joue depuis quatre ans sur le theatre de l'Europe: bien plus ta gravité venerable ne pourra s'empechér de sourire en lisant ce qui vient de se passér.

Le Maréchal de Belle-Isle est sans doute, comme tu l'as pu remarquer dans mes Lettres, est dis je l'un des acteurs qui joüe un des rôles les plus brillants.

Le personage qu'il represente depuis trois semaines, n'est il pas inimitable? rival des Barons & des du Fresnes il donne a la fiction, tous le airs de la verité; ses chaines ne sont que dans l'imagination des spectateurs, grand Dieu quil y à du naturel dans son jeu? & qui n'eut point été seduit par cet appareil de captivité? Le * seul changement de scene & de decoration vient de me dessillér le yeux. Jay d'abord porté la sonde au cœur du Roy d'Angleterrre, & des ses ministres, & voicy ce que je nay pu m'empecher d'y découvrir.

L'Electorat d'Hanovre est pour ainsi dire la main droite du Roy de la grande Bretagne; c'est la prunelle de ses yeux: Cependant une armée considerable de François menacoit d'Envahir

* *Le transport do Marechal à Londres.*

vahir cette region favorite. Comment la mettre a labri de toute insulte ? faire avancer une armée formidable sur le Bas Rhin, cestoit, je l'avoue, suffisant pour tranquilliser les allarmes de touite autre ; mais rien n'est capable de calmer celles de la cour de Londres sur ce sujet. Ce que l'on cherit avec passion nous paroit toujours etre en dangér, même lorsqu'il se trouve le plus en seureté. Une armée de vint mille François, qui s'avance vers l'Electotat d'Honovre est aux yeux de la Cour de Londres, une armée innombrable. Tant il est vrai que les passions nous ecartent de ce point de vue ou les objets paroissent tels qu'ils sont : elles nous jettent dans une espece d'yvresse qui les diminue ou les multiplie tour a tour. Pour detournér cet orage imaginaire, la cour de Londres a tenté pour la troisieme fois un moyen dont elle avoit éprouvé les funestes avantages, c'est la voye des traités : quand le Maréchal de Maillebois commandoit sa premiere armée dans la Westphalie, la France obtint deux fois des avantages considerables de la cour de Londres. Le premier passage des Espagnols en Italie n'en est il pas le triste fruit ? La liberté des flottes Francoises & Espagnoles qui languissoient dans le port de Toulon, n'a telle pas la même origine ? Maintenant la Cour de Londres croit se trouver dans la même situation, & ne pouvoir acheter le calme de se vaines allarmes, qu'au depens de la cause commune.

Cepandant si l'on avoit suivi la voye ordinaire pour tramer cette negotiation, la jalousie clairvoyante du Parlement n'auroit pas manqué de penetrer tout le mistere; elle étoit même au point (graces en soient rendues a la bonne foy, a la candeur & a la sincerité de la Cour de Berlin) elle étoit dis je, a ce point, ou le moindre faux pas de la part du gouvernement, l'eut fait eclatér. Il falloit donc couvrir cette intrigue d'un voile impenetrable. Ce fameux Walpole que l'on dit aujourdhui couché dans le lit de la Mort, trouva le moyen le plus subtil pour relevér le confiance de la nation, & procurer a l'Electorat d'Hanover, une parfaite sureté. Ce Mylord disgracié en apparence, étoit dans la réalité le seul pilote du gouvernement Anglois, & l'ame de tous ses mouvements. Il ouvrit son cœur, & l'on ne manqua point de suivre ses avis.

La Cour de Londres ne tarda point d'insinuer a la cour de Versailles, qu'elle estoit prete d'accordér bien des avantages a la France, si l'on vouloit garantir l'Electorat d'Hanovre de toute invasion. Elle ajoutoit, qu'il ne seroit gueres possible de faire cet arrangement, si le Marechal de Belisle n'en etoit chargé de la part de la France; il falloit meme, pour mieux cacher sa marche qu'il fut arreté comme prisonnier. C'etoit l'unique moyen de calmér les defiances redoutables d'une nation inquiete. La captivité apparente de celui qu'on croioit auteur des Troubles de l'Europe, devoit causer une joye extraordinaidinaire dans Londres. A la faveur de cer avantage imaginaire on pourra faire impunément les fautes les plus essentielles, il n'est point d'Anglois qui ne s'imagine maintenant que cette Böete de Pandore d'ou tous les maux de l'Europe sont sortis, est fermée a jamais; tant il est aisé de leur faire prendre le change !

Maintenant que je te raconte, sage Temirkan, avêc quelle habilité, ce Marechal a joué un Rôle si delicat. La France toujours charmée de ces ouvertures, a preté les mains a ces propositions. Le Traité de Breslau avoit, comme tu scais, mis du Burlesque dans le Rôle du Marechal; Les spectateurs s'etoint avisés de rire; & sur cela on l'avoit prié fort poliment de dechausser ses Brodequins : depuis, il languissoit dans le parterre, & n'etoit occupé qu'a regarder : a ce nouvel incident on la prié de remontér sur la scene; il la fait; ce n'est pas au reste, qu'il se croye necessaire a la troupe des acteurs; tout le monde scait assés, combien peu il s'enfle de ses talents; & que sous le voile de la modestie il cache le brillant de son merite. Le voila donc rentré dans la carriere; il n'ira point d'abord, a ce lieu fortuné ou l'on forge les chaines de son Esclavage: il n'y auroit point de finesse dans un tel jeu. Il est bon auparavant de faire un pelerinage a Munich; ne diroit on pas qu'il va dabord prendre Langue a cetre premiere Cour, afin de pouvoir pretexter ensuite avec plus de vraisemblance un voyage a la cour de Berlin : rien n'est plus naturel : en fin apres mille detours il arrive au terme desiré, je veux dire au chateau d'Osterode. tout séxecute comme il estoit ordonné, cette nouvelle fait grand bruit dans le monde, on fait des protestations contre cet arrest, on reclame le captif de toutes parts : on appelle cette entreprise, violation manifeste du droit des gens.

Eh bien, sage Temirkan, trouveras tu dans la Chine des acteurs qui representent avec tant de naturel ? veux tu scavoir maintenant quel sera le denoument de cette comedie ? le voicy ; c'est que les flottes d'Espagne & de France vogueront librement sur toutes les mers, au printemps prochain : Les generaux Anglois & Hanovriens seront dans une inaction parfaite, & bien d'autres choses sur lesquelles le parlement d'Angleterre fermera les yeux en faveur de la detention imaginaire du general Francois.

Par cet echantillon tu reconnoitras bientot la politique dont on se sert maintenant en Europe. Elle est souvent guidée par un fil imperceptible aux yeux meme les plus clairvoyants. C'est un fil de soye, mais si mince & si delié, qu'il n'y a que les esprits les plus subtils, qui puissent parcourir a sa faveur, le Labyrinthe des affaires de l'Europe ; mais revenons a nôtre Marechal.

Scais tu bien qu'il a un confrere dans le monde qui lui ressemble fort ? c'est le celebre Comte de Schmettau ; je t'en ay déja parlé dans mes lettres, il y a entre ces deux Excellences une s'yms'ympatie si grande quelle te surprendra ; elle s'etend sur le corps & sur lesprit, ils sont egalement attaqués de la goute. Ne va pas croire que ce sont des fruits de la volupté : La reputation de ces deux Excellences est entiere de ce côté la. Pour l'esprit, c'est la meme vivacité, la meme ardeur ; on les accuse de manquér de justesse dans leurs projets & dans leurs vues : mais peut on etre parfait dans ce monde ? & d'ailleurs ce bon sens si precieux a la Chine ne l'est gueres en Europe, & sourtout en France. Du reste ils sont nés sous la meme etoile. Ils ont l'un & l'autre gouté les plaisirs de la gloire, & de l'elevation, qui sont les plus delicats ; leur fortune a cependant souffert des Eclypses ; affaires delicates & perilleuses ; accusations peu glorieuses ; disgraces inopinées ; mais il faut avouér qu'ils sen sont tirés aussi bien qu'il estoit possible, & que la fortune malgré tous les orages s'est obstinée a les eleverau plus haut de sa Roue ils meritent en effect dy terminér leur glorieuse carriere. Enfin ces deux illustres generaux ont l'esprit egalement brillant. Avec quelle avidité n'a ton pas lu les lettres du Comte de Schmettau ? elles ont fait sourire tout l'Empire des lettres. Les ouvrages du celebre captif ne rejouiroint pas moins le public.

Pour l'armée que les Francois ont fait entrér en Allemagne sur le bas Rhin, on se flatte qu'elle sera bientot satisfaite de la politesse des Allemands qui les ont traités pendant trois ou quatre mois. On ne doute pas qu'ils ne leur montrent le che-

chemin de l'Alsace. Il n'est rien desi beau que la reconnoissance : depuis le commencement de cette guerre, chacun a fait, ce me semble, tous ses efforts pour n'etre point en arriere ; l'Eté passé les François ont traité les Allemans en Alsace ; & fort bien, a ce que tout le monde dit ; il leur ont cedé de la meilleure grace du monde, une partie de l'Alsace pendant plusieurs mois, c'est aujourd'hui le tour des *A*llemands ; mais il faut avouer, qu'ils ne s'entendent pas aussi bien que les Francois, a recevoir des hotes ; ils leur portent quelque fois de fort mauvais compliments ; c'est pourquoi l'on se flatte qu'ils n'attendront point ces cinquante mille orateurs qui s'assemblent sur le bas Rhin, & qu'ils feront la salamalec, avant que ceux là soint a portée de les semoncer.

L'Armée Autrichiene de Silesie est maintenant dans l'inaction ; il semble que ce grand corps est sans ame depuis le depart du prince qui la commande ; * favori de la fortune & de la victoire il a sçu les enchainér a sa suite : Ces vieux senateurs du champ de Mars, ces Ulisses & ces Nestors dont la sagesse guide la valeur du nouvel Achille dans les combâts, les sages guerriérs craignent l'inconstance de la Victoire, si le jeune prince n'est a leur teste. A son retour l'Enthousiasme martial dont il est penetré reveille ces vieux heros ; ils rentrant dans la carriere avec confiance ; soudain tout est en mouvement & l'ennemi ne trouve son salut que dans la rétraite. Adieu.

a *** Ce 23. Janvier 1745.

* *Portrait du Prince Charles.*

NUMERO III.

LETTRE III.

OROSMANI A TEMIRKAN.

Il lui rapporte la mort de l'Empereur Charles 7. & lui fait le portrait de ce prince. Il passe ensuite aux intrigues que cette mort a inspirées aux Mandarins de la Cour de Munich ; & apres avoir tracé le caractere du jeune Electeur de Baviere ; il décrit enfin les mouvements que cette mort a causées aux Cours de France & de Berlin.

Aprés ce que je t'ay si souvent écrit sur les troubles de l'Europe, ta penetration a sans doute fait de longs voyages dans l'avenir ? mille fois ta sagesse a mis dans la balance, les forces, & les interéts de toutes les puissances de l'Europe ; & ton imagination a bati sur ce fondement, un sisteme dont la seule raison étoit architecte. Peut être l'abbaissement de la maison d'Autriche te paroissoit inevitable ; tu fixois le diademe de l'Empire dans la maison de Baviere ; la France prete a voler au secours de ſes alliés, te paroiſſoit devoir toujours favoriſer l'ambition de ces princes. Ainſi le ſiſtéme de l'Europe étoit entierement bouleverſé dans ton eſprit: cet equilibre ſi neceſſaire s'étoit évanoui ; & l'Allemagne alloit ſubir ce joug aymable, que les Lorrains portent avec tant de joye depuis quelques années. Ah que cet edifice eſt brillant aux yeux d'une imagination Francoiſe ! que ſcais je? peut étre même il fait les delices de ton eſprit. Quoiquoil en ſoit, je t'annonce qu'il faut le renverſér de fond en comble ; ta ſageſſe n'heſitera point quand elle ſçaura que depuis quelques jours, c'eſt la premiere Chimere du monde.

Ce que je t'ay dit jusqueſicy eſt encore une Enigme pour toy. Je vais changer le voile qui couvre mes penſées en une gaze plus claire. Ne laiſſe rien echaper de ce que je vais dire.

Lorsqu'on y penſoit le moins, le Dieu du ciel vient de fraper un coup de Tonnere dont toute l'Europe a retenti. Je ne puis ſcavoir ſi c'eſt ſa colere ou ſa bonté ; ta Raiſon en decidera ; mais enfin c'eſt l'une ou l'autre qui vient de faire partir de ſes mains, une de ſes fleches ; elle eſt tombée ſur la tete la plus illuſtre de l'Europe.

Il n'eſt pas ſurprenant, ſage Mandarin ; que le Dieu du ciel ne manque poin[illegible]s coups ; il les viſe de toute eternité ; auſſi [illegible] traits qu'il lance, vont fraper au but, & to[illegible]rs par le chemin qui leur eſt marqué. Mais re[illegible]nons a Charles ſept.

Tu comprends bien que cet evenement fait changér de face a toutes les affaires de l'Europe.

Grand

grand Dieu ! combien de chateaux renverſés ! je ne regrette que ceux du Mandarin Belle-Isle; ce n'eſt pas que la droiture, la juſteſſe, & la Religion les regardent comme leur ouvrage: ces trois bonnes Dames n'étoient point de la partie, quand le Mandarin captif elevoit l'edifice de ſes deſſeins: l'imagination y travailloit a leur inſçu. C'eſt çepandant bien dommage, d'avoir revé ſi long temps a pure perte?

Je ne ſuis point de ce caractere Anglois, qui s'eſt fait un triomphe en voyant les chateaux du celebre Mandarin s'écrouler de toutes parts. Il ſemble qu'ils en ont eclairé la ruine, par les feux qu'ils ont allumé dans leur capitale a cette occaſion. Une telle conduite bleſſera ſans doute les yeux de ton humanité. Je ſçais bien que les gens de bon ſens ne peuvent s'empecher d'en rire; mais le Mandarin dont il eſt icy queſtion, en ſera bientôt conſolê; l'on dit par la monde que leurs aplaudiſſements ne lui tiennent pas fort au cœur.

Cepandant la disgrace de ce Mandarin me touche moins, que celle de ſon ami. Je ne te le nommerai point; mais tu comprendras bientôt de qui je parle; c'eſt un petit homme, d'une phiſionomie brune; un front etroit, des ſourcis noirs; de petits yeux fort vifs, mais fort malins; il a dit on, de l'eſprit comme les Anges: ce qui l'eleve ſur tous ſes confreres, c'eſt qu'il n'eſt point esclave de certains prejugés. Bonne foy, ſincerité, candeur, amitié, Religion même, me, il eſt leur tres humble ſerviteur. Du reſte c'eſt l'eſprit le plus decidé qu'il y ait au monde; il promêt, & il ſe retracte avec une facilité qui vous enchante; je veux dire qu'il dine dans un camp & ſoupe das l'autre; ou qu'il abandonne un parti, pour y rentrér bientôt aprés. N'eſt il pas vrai, qu'il faut être bien maitre de ſoy même, pour ſe permettre ces gentilleſſes? aprés celà tu ne manqueras point de plaindre un prince de ce caractere. Il vient d'eſſuyér les mêmes disgraces que le Mandarin: avec cette difference meme, que celui cy travailloit pour autrui, tandisque le premier ne revoit que pour lui ſeul. C'eſt bien fatal de voir fixé dans l'état de Chimere, ce que l'on croyoit pouvoir faire paſſér à la réalité? ſous les beaux pretextes, d'alliance, de ſoutien, & d'equité, réunir a des regions envahies, les provintes voiſines, c'eſt ſans doute une eſperance bien amuſante! triſte fatalité! la mort de Ceſar vient de renverſer encore un ſi bel edifice.

Mais tu voudrois bien maintenant connoitre a fonds, cet illuſtre perſonage, qui derange les ſiſtemes de tant d'honettes gens. Dequoi s'aviſoit il, diſent ſes bons amis, de partir pour l'autre monde, dans un temps ou nous etions prets de récuiller les fruits de nos travaux? c'eſt fort bien fait a lui, diſent les autres, de prendre congé dans ces moments ou l'ambition ſe promettoit les avantages les plus funeſtes a l'Allemagne. Ce qu'il y a de ſuprenant, c'eſt qu' qu'aprés sa mort chaque parti le peint asses au naturel. Voicy le portrait, qu'en faisoit ce matin un Francois, il ne m'a point paru flatté.

* Cesar estoit d'une belle taille, les traits de son visage avoient un air noble & distingué; un front bien ouvert; des sourcils bruns, des yeux Languissans, & spirituels; une grande bouche; ses manieres etoint douces & toujours affables; ses discours etoient sensés, mais n'avoint rien de brillant. Il parloit peu, & l'on reconnoissoit sans peine qu'il pouvoit dire de belles choses. Il avoit le cœur de la meilleure trempe du monde; il n'etoit du tout point dangereux d'abuser de sa bonté; si l'on perdoit ses bonnes graces, l'on y rentroit sans peine: l'habitude avoit un si puissant Empire sur lui, qu'il donnoit sa confiance pour toujours; les premiers de ses Mandarins ont souvent merité d'encourir sa disgrace, mais les changements & les eclats ne s'accordoint point avec le genre de paresse dont il étoit épris. Dans le choix qu'il faisoit des hommes pour la guerre & les affaires, il se laissoit guider par les apparences, plutôt que par la réalité; c'est que les hommes vertueux, s'ils n'ont une grande penetration, ne peuvent se persuader que le vice puisse emprunter le Masque de la vertu. Ainsi il se flattoit que ses Mandarins le servoint de bonne amitié; il a souvent eprouvé le contraire, sans le connoitre;

* *Portrait de Charles 7me.*

tre; eh comment les Princes peuvent ils se persuader qu'ils ont des amis veritables? s'il y en avoit dans le monde, ils ne seroint pas pour eux. Cesar avoit cepandant des qualités excellentes; il étoit rempli d'un noble desir d'illustrer & d'agrandir sa maison. Il avoit meme de la valeur autant qu'un Prince est obligé d'en avoir; on là vù paroitre a la tete de ses armées; il eut fait alors des actions eclatantes, s'il avoit pu prendre sur lui meme de laisser quelque chose au hazard, & de tenter la fortune dans les combats. Du reste excellent pere de famille, ami veritable, protecteur constant, juste, desinteressé, toujours bienfaisant; il eut été mis au rang des heros, ou tout au moins des grands hommes, sil etoit né sujet.

La mort de ce Prince a d'abord mis la consternation parmi les Mandarins de la Cour de Munich; mais la confiance & la fermeté des deux premiers, a bientôt rappellé celle de tous les autres. Ces deux Mandarins dont je te parle, c'est les Comtes de Sekendorf & de Terring. Le premier gouverne absolument tout le militaire, & l'autre toutes les affaires du Cabinet. L'on dit que ces deux Excellences ne se haissoint pas, lors qu'ils n'avoint rien a faire ensemble; tant ils ont l'ame bonne & accomodante; mais depuis que le Mandarin Sekendorf s'est avisé departager avec son confrere l'autorité de cette Cour, & de s'emparer entierement du militaire; Leur amitié s'est un tant soit peu refroifroidie. Dans ce desastre, ils ne se sont pas memes avisés de se reconciliér; le General ne croyoit pas avoir besoin du Ministre, pour se soutenir dans son poste, & le Ministre étoit dans la meme opinion par raport a son confrere. En effect le Mandarin Sekendorf ne voit personne dans le militaire de cette Cour, qui puisse le remplacer; son merite lui garantit ses employs: le Ministre de son coté ne craint point de chute, la Cour de France est trop reconnoissante pour ne pas le maintenir: ainsi voila le calme revenu dans cette Cour agitée.

Le jeune Prince qui succede a l'Electorat de Baviere, n'a pas long temps balancé dans le parti qu'il devoit prendre. Le torrent sur lequel son pere l'avoit embarqué est trop rapide, pour vouloir le remonter tout a coup; il fait semblant de se livrer au caprice de ses flots, jusqu'a ce que le Temps lui permette de revenir au port.

Ainsi le jeune prince est peut etre malgré lui meme, heritiér des esperances de de son pere: c'est bien facheux de n'avoir qu'un chemin a suivre; il y a pourtant une consolation a cela; c'est que si l'on s'egare, on peut alors en jettér la faute sur la necessité. L'amour propre tire profit de tout. Il n'y a dans cette occasion, que des chaines a prendre, pour le jeune Electeur; celles que la France lui a presentées sont des chaines d'or: n'a til pas raison de se determinér pour celles cy.

Du reste je veux te faire connoitre le fils de Cesar. Il est d'un visage agreable; un front d'un heureux presage; le regard insinuant, les manieres gratieuses. Un coloris de candeur & de bonté rend sa phisionomie tres douce. Joignés a cela beaucoup d'esprit, & des sentimens heroiques, ne seroit il pas en état de se faire un grand nom? c'est bien facheux, que la nature toujours avare, ne se plaise pas a réunir les belles qualités. Cette audace victorieuse qui ne sçait point desesperer, cette sagesse clairvoyante qui ne laisse au hazard, que ce qu'il est impossible de lui ravir, cette fermeté invincible qui sert de Barriere a la puissance, voila les trois seules Divinités qui couronnent les heros: mais presque toujours divisées, elles ne se reconcilient qu'avec peine. Il en coute encore bien plus a la nature pour faire de grands hommes. La generosité qui se plait a repandre ses bienfaits; la droiture desinteressée que ne s'ecarte jamais des voyes de l'equité; l'amour constant du devoir, & des loix; assemblage bien rare. Quoiqu'il en soit je puis t'assurer que le jeune Electeur a montré du bon sens dans un age ou les autres ne font paroitre que de l'esprit. Ainsi ses discours sont plus sensés, qu'ingenieux; ses vues sont plus justes, qu'etendues; les projets vastes, les entreprises brillantes, les desseins hardis, voila ce que je ne crois pas de son ressort. Quant a son cœur, je tiens qu'il est humain, genereux, equitable, bienfaisant; il ressemblera plutôt a Titus qu'a Charles douze. Adieu.

a *** Ce 30 Janvier 1745.

NUMERO IV.

LETTRE IV.

OROSMANI A TEMIRKAN.

Il lui fait un detail circonstancié de la conference secréte que l'Empereur Charles 7. a eu avec son fils quelques heures avant sa mort. Is lui rapporte ensuite les deux Lettres que l'imperatrice, & le Prince Royal ont écrit a la Reine de Hongrie; de la il passe aux sentiments de la Cour de Vienne au sujét de la mort de l'Empereur; Il finit par le portrait de la Reine de Hongrie.

Je serois bien a plaindre, sage Mandarin, si j'ecrivois pour les habitans de ces regions. Il en est si peu (je ne parle point du vulgaire) il en est si peu, dans la Classe même des Mandarins, qui cherchent la delicatesse dans les écrits, un trait fin & delié, leur échape presque toujours. Heureux les ecrivains que le ciel a fait naitre dans la Cour de Choanty notre divin Calyphe. C'est là que la delicatesse est l'arbitre du gout & des plaisirs. Les traits que la Satyre y lance sont toujours des fleches dorées. Il faut

 meme

meme chercher les blessures, qu'elles ont faites: tant elles sont subtiles & deliées.

S'il se trouvoit quelqu'un a la Chine, qui fut confrere des Mandarins Européens; je veux bien embellir le Portrait de Cesar en sâ faveur. Ecoute moy, & ne t'avise pas de soupconner que l'jronie m'a dicté ces paroles.

* Favori de la fortune & de la victoire, Cesar en recut les faveurs les plus illustres; avêc quelle audace il forcoit les Barrieres qui defendoint la foiblesse de ses ennemis? son nom seul épargnoit a son courage les hazards qu'il cherchoit avec tant d'empressement; Je veux dire qu'au seul bruit de son aproche l'ennemi tremblant & deconcerté ne trouvoit son salut que dans la fuite. Prince fortuné, jamais ses peuples ne donnerent des regrets a ses defaites & a ses disgraces; ils n'étoint occupés qu'a chantér ses triomphes. Pere de la patrie, appella t'il jamais dans le sein de l'Allemagne ses ennemis les plus dangereux? exposa t'il l'Empire aux ravages de ses voisins? il sacrifia toujours ses interets a ceux de la patrie, & les Barrieres de l'Empire ne furent jamais detruites pendant son regne. Defenseur des loix, il ne donna jamais rien a l'interest & a l'adulation, Son desinteressement surtout merite des autels. Les tresors de ses alliés ont ils jamais ébloui ses regards? a t'il jamais tenté d'envahir les biens de ses parents les plus pro-

* *Portrait de Charles 7me.*

proches? content du partage modeste, qu'il avoit reçu de ses peres, il a renoncé librement aux pretentions les plus vastes & les plus solides; en faut il davantage pour faire un heros?

Maintenant tu voudrois bien entendre les derniérs discours du Calyphe de l'Empire, a son fils; quelques heures avant sa Mort, tous les Mandarins de sa Cour furent priés de se retirér: le pere resta seul avec son fils. Celui cy ne parla que par sa tristesse & par ses larmes; son pere lui tint ce langage.

Le spectacle de douleur qui s'offre maintenant a vos yeux suffiroit sans doute pour vous inspirér les reflexions les plus utiles & les plus sages. Ce rang suprême ou les voeux des l'Europe m'avoins appellé, est, comme tout le reste, sujêt aux loix de la Mort. Il est prez de s'eclipser a vos yeux; du reste, ce n'est ne l'ambition, ni la soif des grandeurs, qui m'ont fait souscrire au choix de nos Princes; le seul êspoir de retablir la liberté de la patrie, & de recouvrer le patrimoine de nos ancetres: cette seule esperance a scu m'engager a monter sur le trone de l'Empire: si la sagesse avoit pu prevoir les èvenements que cette demarche a causés; le ciel m'est temoin, que le charme flatteur de ce diadême, n'auroit point fasciné mes regards. Que l'experience que j'ay faite soit maintenant la regle de votre conduite. Sur tout; ne perdés jamais de vue ce que je vais vous dire: la Religion fut elle inutile pour les sujets, ce qui n'est point assurément, elle seroit cepandant essentielle aux Princes: elle seule

peut

peut les maintenir dans le devoir; leur rang semble les affranchir du cercle des loix, mais la Religion les y ramene. Pour nos pretentions sur les biens de la maison d'Autriche, bornés les a l'Autriche superieure; quelques legitimes qu'elles soint, elles sont trop vastes dans ces circonstances pour pouvoir être remplies: & si même la paix de l'Europe tenoit a ce seul point, je vous ordonne de les sacrifier; mais j'ay meilleure idée, de l'equité de la Reine. Quant a nos fidelés alliés, donnes leur en tout temps des preuves de vôtre reconnoissance; & tout ce que vous pourrés faire en leur faveur, sans nuire ni a l'Empire, ni a vos sujêts, donnés y les mains. La France sur tout & la Prusse doivent etre les premiers objêts de votre gratitude. Pour votre confiance, partagés la entre les Comtes de Thering & de Preising. Ce sont les deux Mandarins de notre Cour, les plus en état de vous servir. Ce partage faira naitre une espece d'emulation d'ont vous tirerés du profit.

A ce Discours succederent quelques momens de silence: le jeune Calyphe interrompit ainsi ses soupirs & ses sanglots; *les conseils. dit il a son pere, les conseils que votre Tendresse vient de me donner, vivront eternellement dans m'on esprit. Mais quelque excellents qu'ils soint je r'acheterois volontiers au depends de ma vie l'occasion ou je les recois.*

Immediatement après la Mort du Calyphe de l'Empire, son épouse & son fils, ont d'abord songé a donner part de cette nouvelle a la Cour de de Vienne. La nouvelle Andromaque exprimoit ainsi ses regrets.

La disgrace qui vient de m'arriver est trop grande, pour que je puisse tarder a l'annoncer a votre Majesté. Je m'en repose même sur la bonté de son cœur, Sa Majesté partagera ma tristesse, elle est même sans doute persuadée que depuis le commencement des troubles qui divisent la maison de Baviere, & la votre, je n'ay cessé d'importuner le ciel par les suplications les plus sinceres, affin qu'il fit naitre des voyes de reconciliation. Ce moment, s'il est arrivé, coute bien chér a mon cœur; & la tranquillité ne m'eut point paru la plus legeré faveur, a ce prix: mais il est bien juste de procurer a ma douleur, une consolation qui peut l'adoucir: C'est de temoignér a votre Majesté, combien je desire que la paix ne tarde point a réunir nos deux maisons.

Le jeune Calyphe écrit dans des termes egalement reglés par la douleur & la raison. *Je ne balance point, a donnér part a votre Majesté, de la mort de l'Empereur mon pere. Malgré les divisions funestes dont nous avons tous eprouvé les malheureuses suites, je me persuade que votre Majestè partagera ma douleur, & reconnoitra la grandeur de ma perte. Quant a mes sentiments, sur la situation presente des affaires, je profite de l'occasion pour les faire connoitre a Sa Majesté. J'entrerai sans peine dans la premiere voye de reconciliation, pourvu cepandant, qu'il ne s'agisse pas de sacrifiér les plus fidelles alliés de notre maison Electorale.*

Tu penseras peut étre que la mort du grand Calyphe, a fait le triomphe de la Cour de Vienne; les sentiments y sont trop elevés & trop genereux, pour s'abaisser si fort; c'est la qu'on sçait donner des regrets a ses ennemis. En aprenant cette nouvelle, la Reine exprima les siens de cette sorte. *Je l'avois toujours craint, dit elle; c'etoit l'unique moyen de me faire trouver de l'amertume, dans les avantages de ma cause.* Cette façon d'aprendre les bonnes nouvelles te paroitra sans doute singuliere; mais quand tu connoitras le caractere de cette Princesse, tu n'en seras plus surpris. Je vais te le tracer.

* La Reine de Hongrie, eut eu des attraits dans une condition privée. Quels charmes ne fait êlle donc pas briller sur le Trone? dans les premiers temps elle eut été regardée comme la Déesse des Graces & de la Beauté.

C'est la phisionomie la plus spirituelle du monde. Tout parle en elle, mais un langage noble, insinuant, persuasif. Ses regards ne tombent jamais en vain sur ceux qui les observent. Ils font toujours naitre ou fortifient le zele & l'amour du devoir, relevent l'Esperance ou la soutiennent, intimident l'Audace & la Licence, encouragent la vertu. Ses manieres sont nobles sans fierté, reservées sans affection, affables & gracieuses sans foiblesse; tout respire en elle je ne sçais quoi de singulier & d'admirable; rien n'est plus touchant que sa bonté. Le plus

* *Portrait de la Reine de Hongrie.*

plus beau Triomphe pour elle c'est de repandre ses graces & ses bien faits: il n'ya qu'un defaut a cela; c'est que sa maniere de donner fait tort a ses bienfaits. Elle les assaisonne de tant de noblesse, & de grace, que l'on donne tout a l'admiration; l'on oublie les bienfaits qu'on en recoit, parceque la maniere dont elle les accorde, est encore plus precieuse, & plus touchante. Ses refus même flattent autant la reconnoissance, que les bienfaits que l'on recoit des autres. Malgré cette bonté naturelle, ne t'imagine pas que la Flatterie distribue les bienfaits de la Reine. Il n'y a que le vrai merite qui soit couronné de sa main. Les Talents même, si la vertu ne les accomgagne, n'attirent point ses regards. Ce qui fait encore bien de l'honneur a son discernement, c'est le choix qu'elle fait pour les premiers postes de sa Cour. On n'y voit point comme dans bien d'autres endroits, lə Senateur a la place du General, & le General a la place du Senateur. L'harmonie de cette Cour est parfaite; & chacun y remplit le poste qui convient a son genre de Merite. S'agit il dans la guerre, d'une entreprise hardie, mais peu dangereuse? cela convient au courage impetueux du Prince de Lobkovitz; faut il forcer a la retraite une Armée formitable? projét dangereux; la sagesse d'un nouveau Fabius, le Comte de Traun y reussira. Falloit il avec des forces inferieures, dissiper nne puissante Armée qui s'étoit avancée jusqu'aux portes de Vienne? l'hal'habileté admirable, le courage experimenté du Comte de Kevenhuller en vint bientot a bout. Tel est le traitement que cette Princesse fait au Merite. Il n'a pas besoin de briguer ses faveurs, elles viennent au devant de lui. Spectacle digne d'admiration! quand elle est environnée de ses favoris, elle n'a pour cortege, que le bon sens, la Raison, & le Merite; vous diries de la Déesse des graces, qui pour la premiere fois se familiarise, & ne trouve son amusement qu'avec la Raison. De quel éclat ne brille t'elle pas, quand elle est environnée de tant de sages & de tant de heros? la Reine de Saba, quand elle apparut a la Cour de Salomon, ne fit jamais un si grand Honneur a la vertu. Sa Religion ne la rend pas moins admirable; rien n'est plus dangereux pour ses ennemis, que ses prieres au Dieu du ciel; L'on peut dire que cette Princesse porte toujours les premieres coups a ses ennemis; & qu'elle employe contre eux des armes d'autant plus redoutables, qu'elles sont invisibles, & dans la main du Dieu des armées.

J'avoue que ce portrait feroit bien du tort a celui de certains Calyphes; s'il me prenoit fantaisie de faire des contrastes; & de les peindre a coté de cette Princesse; Alexandre lui meme est redevable a ma discretion; mais Theodat ne payera jamais ce qu'il doit a mon silence.

Adieu.

a *** Ce 6. Fevrier 1745.

NUMERO V.

LETTRE V.

OROSMANI

A

TEMIRKAN.

Il acheve ce qu'il avoit commencé dans ſa precedente, il paſſe de la aux affaires de Sileſie, fait un tour a Berlin, y fait le portrait du Roy de Pruſſe, & de la il vient a la Cour de Verſailles; il finit par le portrait du Roy de France.

J'Etois ſur le Chapitre des femmes quand je finis ma derniere lettre. C'eſt une trop belle matiere pour l'abandonner ſi tot. Il me prend fantaiſie de faire une excurſion ſur la Mandarine de Belle-Isle; elle vient de donner un exemple de ſidelité conjugale, dont le ſexe lui ſcaura fort mauvais gré: car enfin s'il falloit qu'une Epouſe courut ſe jetter dans le bourbiér, quand ſon Epoux a bien voulu s'y precipiter, cela tireroit a conſequence. C'eſt un trop beau ſacrifice pour un mari. La Mandarine en queſtion n'a pas cependant balancé. Elle s'eſt aviſée de vouloir paſſer en Allemagne, pour conſoler ſon Mandarin, & partager les ennuis de ſa

capti-

captivité. Cela n'est il pas admirable? * apres cela tu verras son portrait avec plaisir. C'est une petite femme brune dont les yeux ont une vivacité qui vous perce. Sans gorge, sans embon point; elle n'est ni jolie, ni laide; elle a cependant quelque chose de piquant. Pour l'Esprit, elle peut le disputér a quiconque. La Mandarine est pour les petites intrigues du menage, ce que le Mandarin est pour les grandes intrigues des Cours. Même gout, même genie, même subtilité dans leurs trames: même amour de la gloire. Les grandes affaires, les affaires d'eclat, voila ce qui fait leurs delices. Faire de promenades a la Bastille, visiter le chateau d'Osterode, entrer dans Londres pour y servir de spectacle: l'une & l'autre trouvent a cela leur amusement le plus delicat. Pour leur generosité, elle peut encore étre mise dans la balance. La Mandarine a tout fait pour ses mignons, comme le Mandarin n'a rien oublié pour ses partisans; ils se sont piqués la dessus d'une belle emulation. L'une & l'autre les voyent briller jusques dans les Ministere, il y a cette difference: c'est que le Mandarin a pour le moins tout autant d'ennemis, que d'amis; au lieu que la Mandarine ne connoit que les derniers.

Maintenant si le desir de rejoindre son Epoux n'a point eu d'effect, ne va point t'imaginer que la separation des Mandarins Belle-Isle & Frey-

* *Portrait de Madame de Belle-Isle.*

Freychapell, y donne lieu. Ce dernier eſt un fort aymable homme; & la Mandarine ne l'a pas regardé de mauvais oeil, tandisqu'elle donnoit ſa voix pour l'Election a Francfort: mais ces petits penchans de ſon cœur, a ce qu'elle dit, & il faut aſſurément l'en croire ſur ſa parole, ces affections humaines ne reglent pas ſes demarches. La Religion & le devoir, guident ſaus ceſſe ſes pas dans les voyes du Monde.

Au reſte joubliois de te vanter ſon gout dans le choix de ſes amis; c'eſt un diſcernement bien gentil! tu le reconnoitras a cet echantillon. Le Mandarin de Court a remplacé le Mandarin de Belle-Isle a la Cour de Berlin. C'eſt une petite affaire qui merite d'être developpée. Ce n'eſt icy que l'ouvrage de la Mandarine. Elle a regardé les bonnes qualités du Mandarin de Court, avec une lunette d'aproche, & bien d'autres ne ſe ſont pas aviſés de cet expedient. Ce n'eſt pas que ce Mandarin ſoit depourvu de merite. * C'eſt un fort bel homme; face rebondie; enfant du plaiſir & de la joye, il amuſe le ſexe, & fait les delices des cercles. Ces graces Francoiſes qui frayent une route vers les cœurs les plus fermés, voltigent ſans ceſſe autour de lui. Son eſprit quoique peu vaſte, & peu elevé renferme pourtant ces gentilleſſes, qui font le plaiſir de la ſocieté. Quant a ſon cœur, retreci par l'amour propre le plus rafiné, il eſt rempli tout

* *Caractere du Chevalier de Court.*

tout entier par le désir de plaire, & de se rendre agreable.

Tel est le Mandarin que la Cour de France a substitué a l'illustre captif. La Mandarine de Belle Isle n'a pas nui a cet arrangement. Ainsi le bonheur d'avoir scu lui plaire, n'est jamais sans recompense. Admire icy sa generosité, sage Mandarin ; L'amitié de la gouvernante de Metz pour le Mandarin de Court commencoit a s'user. L'esperance de pouvoir rejoindre le Mandarin de Freychapell & la gloire d'etre fidele ; cet espoir en a delié les liens sans les rompre ; & le Mandarin de Court s'est trouvé tout a coup metamorphosé en ministre ; tout cela ne parle t'il pas en faveur de la Mandarine de Belle Isle. Je ne quitterai point un si beau champ, sans raporter le trait qui fait le plus d'honneur tant a la Mandarine, qu'a son epoux.

Il me vient tout a coup dans l'esprit un Mandarin que je veux peindre. * Ses Manieres sont affables ; il les assaisonne de cette politesse naturelle, qui sied si bien a la vertu, & qui finit ou commence l'affectation. Pour son Esprit je ne vois Rien icy qui puisse le lui disputer ; c'est une penetration qui perce tous les voiles, & qui derobe sa marche aux yeux les plus clairvoyans. Les plus grandes affaires ne le dominent point ; il en est toujours le maitre ; & même au milieu du tumulte secrêt de la politique, il scait fixer auprês de lui, lés agréments & les Charmes de la

* *Portrait de Mr. Blondell.*

la ſocieté. Je ne puis donner aſſès de de Louanges a ſon Eſprit, ſon cœur en Merite encore davantage. Sa generoſité n'a point d'exemple; il eſt peut etre, le ſeul Mandarin de ces Climats, qui puiſſe gouter le plaiſir de faire du bien a l'inſçu de l'amour propre: la vertu, les Talents, l'Amour de la gloire, l'Attachement a ſa patrie; voila les Divinités qu'il adore. Sans hyprocriſie, & ſans faſte il leur offre l'encens le plus pur: C'eſt la plus belle ame du Monde.

Mais je m'amuſe a ce qui n'eſt point de mon ſujêt. Pardonne ſage Mandarin; il m'a pris fantaiſie de m'egarer, mon Eſprit eſt un Enfant gaté, que je ne gene point. Je reviens a mon ſujêt. J'oubliois de te raconter, comment le Mandarin de Court, fut initié dans les miſtéres de Verſailles. Le Mandarin d'Argenſon le fit avertir de ſe rendre dans ſon Cabinet. Etes vous Fraancmaçon, lui dit il d'abord? celui cy repondit qu'il ne l'etoit point; allés donc vous faire recévoir ſur le champ, lui repliqua le Mandarin d'Argenſon; & venés me rejoindre tout de ſuite. Cet ordre fut executé ſans delay; & a ſon retour on tira le Rideau, & les grands ſecrets lui furent decouverts.

Les evenements qui ſe ſont paſſés en Sileſie meritent auſſi ton atrention. Les Autrichiens etoint entrés comme en triomphe dans cette province. Le Mandarin Traun ſe flattoit d'y faire jouir ſa vieilleſſe de quelques mois de repos; mais le Prince d'Anhalt-Deſſau, qui paroiſſoit s'etre endormi, s'eſt reveillé tout a coup. A la tete d'un armée formitable, il s'eſt avancé ſur les Autrichiens; le Mandarin Traun qui poſſede plus l'art de la defenſe que de l'attaque, n'a pas jugé a propos de ſe meſurer avec ſon Rival; & l'on peut dire que ſa fuite precipitée vaut une victoire. Il s'eſt retiré vers la Citadelle d'Olmutz, mais n'eut il pas été plus glorieux de ne pas entrer en Sileſie, que d'en etre chaſſé ſi tôt? ta ſageſſe en decidera, ſage Mandarin.

Le Caliphe de Pruſſe en laiſſant ainſi ſes armées dans l'inaction, avoit fait croire au vulgaire, qu'elles avoint été detruites par la deſertion & la famine; ce dernier évenement fait taire la calomnie, & repare les menſonges de la Renommée; je ne ſcais pourquoi la jalouſie ſe plait ſans ceſſe a nous faire prendre le change ſur les demarches des heros? ce n'eſt qu'en ceſſant de vivre, qu'ils ſe mettent a l'abri de ſes traits. Quoiqu'il en ſoit, duſſè je n'avoir pas l'aprobation des eſprits vulgaires, il faut que je me hazarde a tracer le portrait de ce Calyphe. Je ne crains qu'une choſe; c'eſt de le faire trop grand, ou trop petit. Il n'eſt Rien de plus difficille que de peindre les heros tels qu'ils ſont, ſans leur donner plus ou moins qu'ils ne meritent.

Le Calyphe de *Berlin*, eſt d'une taille mediocre; un je ne ſcais quoi de noble & d'elevé perce au travers du coloris foncé de ſa phiſionomie.

mie. Ses regards ſont etincelans. Ses geſtes & ſes manieres ſont energiques, impoſantes. Son air eſt gracieux, & majeſtueux tout a la fois; il parle presque toujours le langage de la delicateſſe; mais ſans etude & ſans affectation. La raiſon en paſſant dans ſon eſprit, y recoit ces attraits & ces charmes qui lui appartiennent naturellement. C'eſt une imagination brillante, qui embraſſe les projêts les plus vaſtes, & qui voit en même temps les moyens de les faire réuſſir. C'eſt un deſcernement lumineux qui diſtribue ſes graces & ſes bien faits; ſon premier regard decide, & le ſeul merite eſt capable de l'arreter. La flatterie, & la diſſimulation, ſi brillantes par tout ailleurs, ſont diſpenſées de la reconnoiſſance auprês de ce Calyphe. Mais le merite extraordinaire, quelque eloigné qu'il ſoit, neſcauroit ſe cachér long temps a ſa penetration; il l'appelle aupres de ſon trone; cepandant ces grands genies en s'expoſant a ſes regards, y perdent toujours quelque choſe: les courtiſans du Calyphe qui les admiroint dans léloignement, les eſtiment a peine quand ils ſont a ſa Cour; tant la preſence du Calyphe, affoiblit l'eclat de leurs Talents. Le Prince y perd meme de ſon coté: ces ecrivains fameux s'etoint auparavant, propoſés de celebrer ſes vertus, mains enſuite ils n'ont plus le courage de l'entreprendre; enrichis par ſes bienfaits, ils ſe contentent de publier par tout, qu'il n'ya qu'un Auguſte en Europe; & perſonne n'a beſoin de leur

leur demander, dans quelle region il fait briller ses vertus. Avec tant de lumieres, ce Calyphe prend conseil de ce qu'il y a de plus eclairé dans sa Cour; il s'arrete toujours a l'avis le plus sage, & c'est toujours le sien qu'il suit sans y penser. Ainsi rien n'echape a son attention. Il connoit tous ses moindres Mandarins; leurs talents, leur capacité, leur merite, il les evalue avec une justesse admirable; ennemi de la molle oisiveté, c'est dans les perils qu'il semble chercher son plus doux amusement. Nouveau Sesostris, il forma dans les jeux de sa premiere jeunesse, des armées formidables. Quand il s'est mis ensuite a leur tete, ses ennemis ont été forcés de rester dans le cercle etroit qu'il leur a tracé: & le voila maintenant reconnu pour etre l'arbitre de l'Europe.

Je ne sçaurois me borner la, si je ne métois proposé de peindre icy le plus puissant de ses alliés; je veux dire, le Calyphe de Versailles. Apres la mort de l'Empereur, tout le monde a cru qu'il alloit quitter la partie; & se retirer chez lui; mais la juste confiance qu'il met en ses nombreuses armées, le fixe dans le parti qu'il a embrassé; & je crois fort que ce Calyphe ne pense point, a flechir devant ses ennemis, tandis qu'il peut se flatter de pouvoir bientôt leur faire la loy. Du reste c'est un prince d'un grand merite &c.

Adieu.

a *** Ce 12. Fevrier 1745.

NUMERO VI.

L'ESPION CHINOIS EN EUROPE.

LETTRE VI.

OROSMANI, a OCHALOULOU.

Il acheve le portrait du Calyphe de Versailles ; il s'amuse ensuite avêc le Bonze de Tencin, & le Mandarin d'Argenson ; il peint le caractere & les sollicitudes de cette cour : Il cajole aprês cela quelques personages asses illustres : rend visite aux Etats generaux, & finit par le traité de Varsovie.

Si je n'ecrivois qne pour toi, je ne m'amuserois pas a r'aporter les raisons pour lesquelles jaccumule les portraits dans mes premieres lettres. Pour decrire avêc justesse, ce qui se passe sur le Theatre des l'Europe, n'en faut il pas dabord faire connoitre les acteurs? quand une fois ces illustres personages auront passé devant tes yeux: nous sommes au Parterre; & nous ne serons occupés qu'a rire a leurs depens. A mon avis c'est le meilleur metier du monde. Mais avant tout, il est juste d'achever le portrait du Caliphe de Versailles.

C'est un caractere uniforme qui ne s'est ja-

mais dementi ; on entre avêc peine dans ses faveurs ; mais il n'ya qu'a être sur de soy même pour être assuré de lui. La seule faute qu'il ne pardone point, c'est d'avoir abusé de sa confiance : quand on l'a perdue, on ne la retrouve jamais. Il suit la même methode jusque dans ses amours, & ne se r'accomode jamais avêc ses maitresses. Ce quil ya de bien surprenant, c'est qu'il les sacrifie quelque fois aux interets de son peuple. Dans le choix qu'il en fait, son cœur ny entre presque pour rien ; & quoique la marchândise, soit par elle même un peu critique, il les recoit d'une main etrangere, sans beaucoup d'examen. Son Esprit y gagne toujours plus que ses yeux, parcequîl a plus egard a lésprit q'ua la beauté. Il se conduit de méme envers ses Mandarins ; ils se produisent les uns les autres ; le Calyphe s'imagine sans doute, que les gens de merite ne favorisent que leurs pareils : ce qui cepandant est bien rare. Le phlegme domine en lui. Il est visavis toutes choses, d'un sangfroid merveilleux . Il estime souvent, il nadmire jamais. Cepandant quoiqu'il semble regarder du même oeil, & le bien & le mal, son coeur ne connoit que le premier : ainsi il est ennemi des choses d'eclat, & comme les passions bruyantes n'entrent point dans son caractere, il ne va jamais bien loin ni dans l'amour, ni dans la haine : Il ne paroit empressé pour rien ; il punit le vice, & couronne la vertu, d'une main egalement indifferente. Pour les Trames que l'on ourdit a Versailles, il en tient le bout, comme il il appartient a son rang ; & sans jamais le laisser echaper. Tout le reste, il l'abandonne a ses Ministres ; mais ces grands secrets, sur lesquels le sisteme de l'Europe est appuyé, un vieux Bonze l'es a deposés dans son cœur ; cest un puis sans Fonds, ou l'amour méme n'a jamais pu rien decouvrir ; La raison & la decence veillent sans cesse a l'entrée de son cœur. Après cela tu conviendras sans peine qu'un tel prince est fait pour le Diademe qu'il porte. La France & la Chine seront toujours heureuses d'avoir de tels Calyphes, c'est que dans ces deux Empires l'amour des sujéts, ne laisse presque rien a faire a l'habileté de leurs souverains. Tout y va de lui méme : mais ces trones agitês par la tempéte, comme celui d'Ispahan, & de Constantinople, ni * Choanty, ni celui que je viens de peindre nesy soutiendroint pas long tems.

Maintenant apès avoir offert, un encens respectueux a l'un des plus puissants Calyphes de l'Europe, je suis fort d'avis de parfumer ceux de ses mandarins qui representent le mieux. Le Bonze de Tencin, a joué pendant bien des années, les roles les plus brillants du comique.

Il est d'assés belle taille, une phisionomie a l'antique, un grand nais aquilin, un front large, des yeux vifs & petillants de feu. Son esprit est orné de ce qu'il ya plus utile & de plus interessant. Ces sciences eclesiastiques, ces bagatelles, il ne s'en est jamais soucié. L'art de s'elever aux honneurs par quelque voye que ce

 soit,

* *L'empereur de la Chine.*

ſoit; ceſt la pierre philoſophale qu'il a toujours cherchée ; & ſes peines ne ſont pas entierement perdues. Le ſiſteme de Monſieur le Regent fut un evenement heureux pour lui ; il falloit attirer l'inventeur de ce ſiſteme a la religion romaine , il n'obtint que les apparences ; mais ſes peines n'en furent pas plus mal recompenſées. Il recut un treſor aſſes conſiderable. nouvel actionaire , il en fit le Fondement de ſon elevation ; la Mitre qui ſympatiſe toujours avec la Finance , vint bientoit ſe placer ſur ſa tête : foible voile ; une ſi belle tête netoit point aſſes defendue par une Mitre : il a fallu la ſurmontér encore d'un chapeau rouge. Il faut pourtant avouér que ces honneurs lui appartiennent bien ; & que ceux qui l'ont elevé ſont peut etre en reſte avec lui. Voila les fleurs dont je couronne ſon genie ; je n'en ay gueres moins a dire ſur ſon cœur ; c'eſt un courage, une fermeté a toute epreuve. Il a bravé la haine de toute la France, c'eſt un heros. Si tu ſcavois comme il eſt blazoné aux yeux de toute la cour, & de toute la France! il s'eſt malgré cela montré par tout, tête levée. Veux tu que je ramaſſe tout ſon portrait dans une ſeul mote ? c'eſt le Catilina de la nouvelle Rome.

Le Mandarin d'Argenſon , eſt l'antipode de celui la. C'eſt un grand homme, aſſes maigre, la phiſionomie un peu de travers; le coloris fort brun , de grands yeux qui ne ſcavent parlér que deux langues, celles de la galanterie, & de la politeſſe ; mais ils les parlent bien Joliment!

ment! il a ſeu mettre dans ſon parti les gens de lettres. Ils ont fait en faveur de ſon eſprit un concert unanime de louanges le; bruit en retentit jusques aux oreilles du vieux Bonze. Le peuple s'empreſſa dy joindre ſa voix. Voila ce qui n'a pas peu contribué a lui fraier la route des honneurs. Le ſexe ſurtout, qui lui avoit certaines obligations, car en cela les femmes ſont tres reconnoiſſantes; le ſexe, disje, là pris par la Main pour le forcér a montér a des poſtes eminents. Sa Modeſtie s'eſt laiſſée menér de tres bonne grace. Le vieux Bonze qui vouloit introduire dans le miniſtere ſon confrere Tencin, agréa le choix du public, & le ſien fut avoüé en faveur de celui la. Veux tu que d'un ſeul trait je peigne ce Maudarin? il a toutes lès apparences du merite, ſans en avoir la realité. C'eſt un merite ala francoiſe. Il s'eſt vu tout a coup metamorphoſé en Miniſtre de la guerre: novice dans le champ de Mars, il s'eſt aſſocié le ſcavoir du Mandarin de Belisle. Avec ce ſecours, il a fait briller quelque fois une imagination abſente, & la ſienne en a tiré quelque profit.

Il ya bien de tetes de cette Eſpece a la Cour de Verſailles; J'ay bien envie de ne pas te faire grace d'un ſeul; & de les peindre icy l'un aprés l'autre. *S*cais tu bien que dans ce moment je me fais un triomphe a chagriner quelqu'un; tant mon eſprit eſt monté ſur le ton malin. Je n'epargne perſonne. Malheureux celui qui viendra s'offrir le premier a mon imagination.

C'est Mr. Vanhoen: * qu'il soit le bien venu, voicy quelques parfums que je mén vais faire brulér en faveur de son Excellence.

C'est un Mandarin d'une taille mediocre, la phisionomie Hollandoise. Des yeux taciturnes; l'encolure peu francoise; mais pour son cœur, il n'ya point de louanges qu'il ne merite. Pour quelques amitiés quil a recues du vieux Bonze de Fleuri, sa reconnoissance à été sans bornes. Il est entré dans ses vues: n'a rien oublié pour endormir la Hollande dans son indolence pacifique: temoins ces lettres que nous avons de lui; quelle eloquence pour demontrér que la France est d'une droiture, d'une modestie admirable! Il trouve tout cela dans l'Ecriture; St. Paul lui fournit des satires contre la cour de Londres & celle de Vienne. Ne va pas timaginér que c'est pour une petit tribut de cinquante mille livres, que la cour de france lui fait delivrer toutes les années; pure calomnie; rien n'est si mal fondé la probité de cette Excelence est connue de tout lunivers; et tout ce qu'il a fait pour la France n'est l'ouvrage que de la pure amitié, & du zele pour ses bien faiteurs.

Au reste depuis la mort du grand Calyphe, la cour de France est dans une fermentation d'autant plus grande, qu'elle fait ses efforts pour la voiler. Le Mandarin da la Noue est parti dernierement a limproviste, pour aller s'ab-

* *Mr. Vanhoen Ambassadeur d'Hollande a Versailles.*

s'aboucher avec l'Electeur d'Eſperance. Il eſtoit queſtion de s'aſſurér les dix mille bommes qu'il fournit a la Baviere, ou plutot a la France. Tout eſt arrangé ſur ce point; on s'eſt promis une fidelité reciproque. L'on s'eſt meme flatté de n'avoir pas lieu de s'en repentir. C'eſt une trop bélle eſperance pour m'aviſer de la detruire.

Le Comte de Sade que la France envoyoit a la cour du Bonze de Cologne, n'a pas été moins heureux. Il ſentoit bien qu'il alloit rendre a ce Bonze une viſite fort peu gracieuſe. Il a trouvé le moyen de s'en diſpenſer : Il ſeſt fait prendre par les houſſards Autrichiens.

Il ya tout au moins autant d'agitation parmi les generaux francois que parmi leurs miniſtres. Toutes leurs troupes ont ordre de ſe tenir pretes a marchér: pour quel endroit? ils n'en ſcavent rien eux memes. Quand une fois on a perdu la Bouſſole, on ne peut manquér de s'egarer. C'eſt un vaiſſeau battu par la tempete, & qui ne peut jetter l'ancre nulle part.

Il y avoit autrefois un Roy d'Arragon fort libre dans ſa facon de penſér: il examinoit un jour l'arrangement de ce monde, & diſoit a ce propos, que ſi Dieu l'avoit appellé a ſon conſeil, il lui auroit donné de fort bons avis. J'en puis bien dire de meme touchant la ſituation de la France. Si ſon Calyphe vouloit mén croire, je lui donnerois un conſeil bien ſalûtaire; tu le devineras ſans peine. Sil m'avoit encore conſulté avant d'entrer en guerre avec le Calyphe de Lon-

Londres, il ne s'en seroit pas repenti: tu penetreras encore ma pensée. Je ne t'en dis point davantage.

Depuis la mort du grand Calyphe, c'est tout le contraire pour la Hollande. Toujours flottante entre la paix & la guerre, elle semble enfin prendre des resolutions efficaces. Le traité de Varsovie qui renferme une quadruble alliance, a dissipé les allarmes de leur prudence. Ils sont disposés de bonne foy a seconder leurs alliés. Les occasions les plus belles du monde sont venues s'offrir, ils les ont esquivées. Ne sont ils pas plus heureux que sages? a mon avis la mort du grand Calyphe est une faveur qu'ils ne meritoient pas. Trois années entiéres se sont passées a deliberer; je voudrois maintenant quils prissent le mauvais parti: la satire auroit beau jeu.

Au reste je viens d'aprendre que le jeune Calyphe de la Cochinchine, ce prince vertueux qui tient sa cour sur les rivages du fleuve Rhenus, s'amuse a lire les lettres que je t'envoye. C'est une fort mauvaise nouvelle pour moy. Un ouvrage ne gagne jamais rien en s'exposant a ses yeux. Puis je me flattér de satisfaire un gout si epuré? c'est une penetrarion qui saisit ces petites differences qui font la varieté des caracteres & des moeurs, & qui echapent a presque tous les hommes. Son esprit marque pour ainsi dire les minutes;

Adieu

a *** ce 17. Fevrier 1745.

NUMERO VII.

L'ESPION CHINOIS EN EUROPE.

LETTRE VII.

OROSMANI, a OCHALOULOU.

Il dit quelque chose sur la situation des armées du Rhin, expose les desseins de la France dans les circonstances presentes, touchant la prochaine election d'un Empereur; & fait quelques presages sur l'ambassadeur qu'elle a nommé a cette fin. Il passe ensuite chez leurs hautes Puissances, rend compte de la commission de Milord Chesterfeld; il donne quelque coup d'encensoir a quelques personages quil rencontre sur son chemin; de lâ il vient â Munich, rend compte de la situation presente de cette Cour; il fait en fin une apparition à celle de Vienne, rapporte deux Lettres asses curieuses, & finit par un avis qui rejouira quelques uns, & sera indifferent pour d'autres.

Ce que je tavois annoncé touchant la moderation Françoise, est aujourdui dans le point de vue le plus favorable: depuis quelques jours ils cedent la place aux nouveaux hotes qui rendent visite à l'Allemagne. Tout cela se fait de tres bonne grace; & même a la satisfaction des parties interessées, ce qui fait surtourt l'eloge des François, c'est que ceux qui les ont traités pendant plusieurs mois, leur souhaitent un heureux voyage du meilleur cœur du monde. Aussi faut il avouer que leur sejour a fait les delices de ceux qui les possedoeint: quelle moderation! les Allemans enchantés de leurs hotes, paroissoint disposés à ne point mettre des bornes a leur generosité: Les François les ont marquées; & la grandeur d'ame des premiers les à trouvées bien etroites. Après cela n'admireras tu point la politesse Francoise? on en dit icy tant de bien! dans le cercle de Suabe surtout; c'est la qu'ils ont fait des prodiges de moderation: les Etats de ce Cercle en ont fait un eloge admirable: voila dequoi confondre ces medisans qui dechirent les bons François a la Chine. Je ne scais pas comme en conscience on peut en dire tant de mal: ce sont les meilleures gens du monde. Ont ils pillé les Magasins publics dans plusieurs Villes de Suabe? ont ils fait violence aux Magistrâts? ont ils enfoncé les portes des greniers & des caves dans Worms? ont ils prophané la residence des Princes d'Allemagne? les Bonzes de Mayence, & de Treves ne leur ont ils pas des obligations dont ils se souviendront long temps? maintenant n'a ton pas eu raison de faire quelques illuminations a leur depart? mais finissons un panegirique, dont leur modestie rougiroit peut etre. d'Ailleurs ils sont si polis qu'ils epargnent a tout le monde la peine de les louer: Cette pensée à plusieurs sens; donne lui le plus malin, & tu devineras le mien.

La

La France paroit maintenant determinée à vuider l'Allemagne ; Je ne croyois pas que la vanité Françoise put jamais se resoudre a faire une demarche pareille : parceque elle est de tres bon sens. Dans la circomstance presente, ou les Cours de Berlin, & de Munich pensent a s'arranger avêc celle de Vienne : il est de la prudence Françoise de ne rien exposer : aussi, prenent ils ce parti.

Je viens d'avancer, que les Calyphes de Berlin & de Munich tiament un accomodement avec la cour de Vienne : rien n'est plus sur. Le premier de ces deux Calyphes, implore la mediation de la Russie ; & tu scais d'ailleurs que ce prince n'est gueres accoutumé à demander la paix, en faut il davantage pour te persuader sur ce point ? Le Calyphe de Munich est encore plus avancé dans les voyes de reconciliation. Quand le Mandarin de Chavigni, s'avise de declarer publiquement a ce Jeune Calyphe. que le Roy son maitre ne se departiroit Jamais le premier de ses engagements ; ce la veut dire bien de choses. Tu connois conbien ce Mandarin est delié : ta penetration devinera le reste.

Dans cet arrangement de choses, ne faut il pas assurér la retraite des Troupes de Baviere ? les generaux autrichiens qui commandent l'Armée des Alliés sur le bas Rhin, se sont mis aussitot en mouvement, pour engager les generaux François a degarnir la Suabe pour fortifier l'armée du General de Maillebois. Si les François avoint donné dans le piege, les generaux

 Thun-

Thungen & Bernklau nauroint ils eu beau Jeu en Bavierê? c'en estoit fait des Troupes Françoises, quisy trouvent.

Les vues de la France, touchant le choix du grand Calyphe de l'Empire, saccomodent encore avêc leur retraite d'Allémagne. Quelque sisteme qu'ils embrassent sur ce point interessant, il ne leur est pas possible de réussir, s'ils ne se banuissent de l.Empire pour quelque tems. La Jalousie des princes d'Allemagne, ne preteroit point l'oreille aux propositions, même les plus avantageuses. Elle est si grande, que les tresors de la France, loin de charmér leurs regards, ne feroient que les irriter. Ce sont des cœurs blessés qu'il faut guerir: voila le meilleur preliminaire dont ils puissent s'aviser, la saison des menaces est passée, il faut en revenir aux caresses, & rendons icy Justice a la France; Jamais cette monarchie ne fut si feconde en grands politiques; s'il yavoit autant de grands generaux, que d'habiles ministres, la gloire de son Calyphe effaceroit celle de son predecesseur; voici donc le plan qu'ils se sont proposés pour la campagne prochaine.

Quelque important que soit le choix du grand calyphe de L'empire, la Françe, ne veut point perdre de vue la guerre qui s'est allumée entre elle & la cour de Vienne. Afin de réunir ces deux points de vüe, tel est l'usage qu'ils veulent faire de leurs forces. Les François doivent se retirer a petit bruit vers le haut Rhin; ces deux armées auront les memes generaux qui sont les

Mare-

Marechaux de Coigny & de Maillèbois. Ce lui cy se retirera dans les lignes de Germezheim; & celui la rassemblera ses troupes dans le Brisgau. C'est la seule Province d'Allemagne qu'ils n'abondonneront point. Je doute meme qu'on songe serieusement a les inquieter dans ces postes. Les Pais bas seront le Theatre de la guerre. La France y rassemblera deux armées, dont l'une se tiendra sur l'Escaut & l'autre sur la Moselle. Le Comte de Saxe Commandera la premiere, & le Marechal de Montmerency la seconde: elles seront portées jusqu'a pres de cinquante mille hommes chacune; par là, c'est sur l'Angleterre & la Hollande que tombe presque tout le poids de la guerre; & les efforts que la France y fera ne seront pas tous perdus. Si les succes militaires, devenoint une espece de trafic, qu'il yeut des assurances a ce sujet; ce lui qui pariroit pour les alliés des pais bas, n'auroit pas le plaisir de me voir de moitié dans sa gageure. Le projet de la France s'attache encore a l'Italie. De concert avec l'Espagne, ils formeront une armée formidable dans le Piemont; & je ne voudrois pas etre chargé de defendre l'Italie. C'est le Bon sens, que la France a consulté pour arranger ce sisteme; jay bien peur que l'imagination dont ces Messieurs prenent si souvent Conseil, ne vienne se mettre au travers, & ne derange tout.

Ils ont deja nommé l'Ambassadeur qui pretend guider le choix du grand Calyphe. C'est le Marquis de Mirepoix. Voicy son portrait en racourci, personne n'est plus propre a calmer la jalousie Allemande que celui la; s'il seduit quelqu'un ce ne sera jamais sa faute. Ces deux pensées suffisent pour te le faire connoitre. Venons maintenant a la Hollande.

Elle vient de faire une declaration a la Cour d'e Saxe qui m'a paru curieuse. Le traité de Varsovie, les resolutions de la Czariene, la mort du grand Calyphe, voi la trois evenements qui semblent avoir Metamorphosé la Hollande; sa Marche estoit chancellante, elle est aujourdhui plus uniforme: le terrain sur lequel on les entrainoiet, leur paroissoit glissant & peu solide. Le Calyphe de Varsovie leur a donné la main pour r'affermir leurs pas: ils marchent maintenant de meilleure grace. Mais venonis a la declaration: Le grand Caliphe est mort, disent ils, il ne pouvoit mieux faire; cela vient si fort a propos, que nous ne pouvons nous empecher de faire eclater notre joye. Ces courtes paroles renferment bien de choses! Jy trouve le caractere de ceux qui parlent, celui meme du grand Calyphe. Grand Dieu que les Hollandois sont de bonnes gens! je me hazarde a dire que les Provinces unies sont le second volume des treize Cantons.

Milord Chesterfield est chargé d'arranger tout pour les vint mille Hollandois que l'Angletterre prend a sa solde. Un traité de cette nature ne participera point a la lenteur Hollandoise. Le Milord anglois qui doit ourdir cette trame aura bientot applani tout les obstacles; voicy le portrait de ce seigneur. Il participe aux meilleuleures qualités des trois plus celebres nations de l'Europe. Il eſt Anglois pour la penetration, Allemand pour la juſteſſe des vues, & Francois pour la politeſſe. En fait de politique il commence par ou les autres finiſſent.

Tout eſt auſſi tranquille en Baviere & dans le Haut Palatinat, comme ſi la paix y étoit de ja retablie. La Cour de Munich, la quelle a de ja pris tacitement ſon parti, ſans pouvoir s'en vanter encore, jouit de ce calme heureux qui ſuccede a la tempete : ainſi les regards de presque toute l'Europe, qui ſe réuniſſoient il ya quelques mois a Munich, s'en detachent peu a peu, & vont ſe fixer ſur Dresde, ou ſur Vienne. Ces deux villes partagent maintenant l'attention des Spectateurs.

La cour de Vienne, n'a point changé de face de puis la mort du grand Calyphe. Elle y gagne bien plus que la Hollande, mais elle paroit bien moins ſenſible, a cet eſpece d'avantage. Si cet evenement ya cauſé quelque joye la decence, & la grandeur dame l'ont fait tourner au profit de leur gloire, voici la Lettre que le Calyphe de Toſcane, a ecrite au ſujet de la mort de Ceſar.

„Rien n'eſt ſi touchant que la perte que V. A. „E. vient d'eſſuyer, la Reine en eſt auſſi tou„chée, que ſi votre Maiſon Electorale avoit tou„jours vecu dans la plus etroite amitié, avec la „maiſon royale d'Autriche. Quant a moy, „V. A. E. doit etre perſuadée, que les disgraces „de votre maiſon, me trouveront toujours ſen-

„ſible

„ſible; pour le retabliſſement de la concorde, je „ſcais qu'il ya des voyes ſures pour y parvenir; „il ne tient qu'a V. A. E. de les embraſſer.

Le Calyphe de Toſcane a fait cette demarche en ſon nom, afin que la Reine put ſatisfaire a ſon devoir, & a ſa grandeur dàme ſans ſe compromettre. Je tay promis encore une autre Lettre; elle ne vient pas d'une main ſi reſpectable; mais elle ne fait pas moins l'Eloge de la cour de Vienne, que celle que tu viens de lire. C'eſt une Comteſſe qui l'ecrit a ſon Mandarin, ſon nom ne fait rien a l'affaire, tu la verras une autre fois.

Maintenant finirons nous ſans nous amuſer un inſtant a medire? cela ne ſeroit pas juſte; a ce propos il me ſemble lire dans ton imagination; tu dis entoi meme: le voila, quil prepare une fleche aigue; je gagerois bien qu'elle va tomber ſur un Mandarin Francois; pour le coup, tu donnes dans l'erreur, ce n'eſt point aux Francois que j'en veux icy. C'eſt a une eſpece de philoſophe qui vivoit du temps de Charles quint; tous les Princes de l'Europe lui envoyoint des preſents proportionés aux fautes qu'il foiſoint. Il devint fort riche; il le ſeroit eocore plus aujourd hui. J'en ay quelqu'un dans la penſée, qni ſeroit en reſte avec lui, quand il donneroit toute ſa caiſſe qui eſt conſiderable. Devine, qui.

Au reſte je tavois promis un avis important, dans l'argument de cette Lettre; il faut s'en paſſer s'il te plait; ce que j'avois en vue s'eſt echapé de mon Eſprit, je ne l'y rétrouve plus. Adieu.

a *** ce 24. Fevrier 1745.

NUMERO VIII.

L'ESPION CHINOIS EN EUROPE.

LETTRE VIII.

OROSMANI, a OCHALOULOU.

Il examine les declarations que la France à fait faire à la Hollande, & celles que le Calyphe de Turin a fait insinuer à la Republique de Genes; Il glose ensuite sur des intrigues importantes, mais il glisse si legerement la dessus que peu de gens s'en apercevront; de lâ il passe à Vienne, y fait un parallele de cette Maison avêc celle de France. Il dit aprés cela des Bagatelles qui feront sourire quelques Mondarins; & finit par cinq ou six traits de satire:

Le silence que tu gardes depuis si long tems, sage Mandarin, ma fait plus de mal que tu ne penses: m'a raison à bronché quelque fois dans ce que je t'ecris; c'est ta faute, & non pas la mienne: & si je n'ecrivois que pour toy, je ne m'aviserois pas même d'en dire la raison; tu la comprendrois. Oüi sans doute, dans mes premieres Lettres, jay detoné quelfois, j'ay trop appuye sur les defauts & les vertus de quelques Mandarins : & ce joli petit langage que l'on parle si bien a la cour de * Choanty, n'a pas toujours eté dans ma bouche ; d'un coté, quesques uns de ces mots qui sont inouis dans ce sejour de delicatesse, se sont glissés dans mes discours ; de l'autre, une seule de tes Lettres retient mon esprit a l'unisson avêc elles pendant les mois entiers : c'est donc a ta seule negligence que je dois les plaintes de quelques Mandarins. Il ya pourtant un moyen facile de reparer le tort que ton silence m'a fait. Ecris moy qulques malices sur ces Mandarins ** jesuites qui jouent des grands roles sur le Theatre de la Chine ; je suis le premier offensé ; nous songerons ensuite aux autres. Scais tu bien comme il faut s'y prendre ? a la Francoise : il nya qu'a dira d'un petir air aisé a ces Messieurs ; je n'ay pretendu faire du mal a personne. Cela suffit ; l'offense fut elle atroce, la reparation est parfaite : cela m'amene tout naturellement a ce que vais dire sur la France ;

Ils sont rèntrés sur les terres de l'Empire pour mettre a couvert de l'invasion, des Etats menacés Voila ce qu'ils disoient dans leurs ecrits ; ils y sont venus pour se vanger de quelques tours qu'on leur avoit joués, & pour corriger deux out rois Bon-

* *Nom de l'Empereur de la Chine.*

** *Il ya des jesuites a la Chine qui sont Mandarins, cela veut dire grands seigneurs.*

Bonzes qui se sont egarés a ce qu'ils pretendent, voila ce qu'ils pensoint dans leur ame. Ils ont oublié leurs paroles, & ne se sont souvenus que de leurs pensées: l'Execution de leur dessein, est parfaite; & tout cela prouve que Cesar vivoit encore, quand ce projet a eté formé.

Maintenant que Cesar s'est evanoui, & que tout est dans un point de vue qui n'est pas rejouissant, la France change de Ton. Voicy comment ils reparent en un instant, le mal de plusieurs mois. „ Nous nesommes venus jcy que pour „ votre bien, disent ils aux trois Bonzes, & aux „ Calyphes de l'Empire: quelqu'un auroit il „ l'audace de seplaindre de nos facons & de „ nos manieres? nos Troupes n'ont elles pas „ observé la discipline la plus rigoureuse? du „ reste, pour vos bons traitements, nous ne „ pretendons pas vous en etre redevables; Comptés, calculés avêc la derniere exactitude, „ nous signerons vos memoires; & s'il n'est pas „ d'usage en Allemagne de faire credit aux „ etrangers, auriés vous le cœur de le refuser „ a vos meilleurs amis? nous le prenons, sans „ attendre votre decision; tant nous sommes „ assurés de votre amitié.

Pourroit on resister a des Discours si pathetiques? les cœurs les plus interessés en sont attendris. Voila ce qu'on a dit aux princes d'Allemagne avêc cet air serieux qui persuade. La declaration que la France a fait faire a la Haye est a peu prez du même calibre.

La Hollande eſt un petit coin de l'Europe, ou les nations les plus ennemies, ſe reconcilient pour ainſi dire, pour ne pas rompre entierement les nœuds de la bonne intelligence. C'eſt lâ que la politique de chaque nation cherche a faire prendre le change, a celle de ſes ennemis; on à choiſi cette contrée pour y trafiquer en artiſices & en diſſimulation. La France y'a donc declaré, quil n'yavoit rien de plus utile a ſes ennemis, qu'une Armiſtice generale, & qu'elle y etoit diſpoſée.

La Raiſon que la France donne pour colorer ſe vœux en faveur de l'Armiſtice eſt ſinguliere. C'eſt aſſurément s'expoſer a l'ingratitude, que de temoigner ce zele pour l'avantage d'autrui; je ne crois pas que la cour de Vienne ſurtout, ſe charge de la reconnoiſſance.

Cette demarche ſuffit pour deployer a tes yeux les nouvelles vues de la France. Ils s'enfonçoient deja' dans l'Empire avêc les intentions les plus equitables du monde, ils croyoint que le moment eſtoit venu pour rappeller tous ces Deſerteurs dont l'Allemagne eſt inondée, je veux dire leurs treſors. Ils ſe ſont trompés, mais ils prenent leur parti ſans balancer, comme il convient a d'honnetes gens.

Peut on en effect, propoſer des conditions plus raiſonables? ils ſemblent dire a l'Allemague; une partie de nos treſors eſt depoſée dans votre ſein; vous connoitrés qu'ils ne ſont pas encore epuiſés, ſi vous voulés que par une armiſtice, nous puiſſions diriger le choix d'un nouveau Ceſar.

Ce

Ce sont, sans doute, les propositions les plus avantageuses du monde; on ne les ecoute pourtant pas; & tu n'en seras pas mème surpris. Le Calyphe de Turin quoiqu'il ne soit pas trop bien avèc la Cour de France en a pourtant emprunté le langage. Il estoit persuadé que le Marquisat de Final devoit entrer dans son domaine. Le traité de Worms l'avoit jetté dans cette opinion; mais les preparatifs de guerre que l'on fait a Genes, ont eté plus eloquens, & l'ont dissuadé. Ce Caliphe leur a fait declarer qu'il renonçoit a toutes ses pretentions sur le Marquisat de Final. Ces Republicains auroint bien souhaité d'entendre ces discours quand la flotte Angloise menacoit de bruler leur ville. Je ne t'en dis pas la raison, eu faveur de ton esprit.

Maintenant je ne puis passer sous silence le phenomene le plus surprenant qui soit arrivé depuis long temps en Europe. C'est une espece de prodige. Il s'est trouvé ces jours passés une vertu allès forte pour resister a six Millions. Ils s'estoint avancés, comme en triomphe, mais a petit bruit, jusqu'a une certaine ville Imperiale, ou ils sont encore: ils seront obligés de rebrousser chemin. Un certain petit homme, qui passe maintenant dans mon esprit, leur en auroit bien epargné la peine. Mais tu ne croiras peut etre pas que ceux qui faisoint cette offrande, perdent infiniment a ce refus. Rien n'est cepandant plus vrai. Cherche le sens de l'Enigme, il est permis de le deviner.

La Comtesse de Bruhl a recu dans Vienne pendant quelques jours, un echantillon de ces complaisances singulieres, que le Bouze de Fleuri, a gouté pendant bien des années a la Cour de Versailles. Ceux qui sçavent l'histoire, supléeront a ce que je ne dis pas. Je gage aprês cela que cette Comtesse n'est pas mal avèc son mari; & qu'elle vit bien avèc d'autres persones, dont l'amitié fait bien honneur; je t'avois promis une de ses lettres; la voicy. *Rien n'egale, ecrit elle a son Mandarin, rien n'egale la generosité de la Reine vous nesçauries en imaginer l'etendue, mais vous la connoitrés a mon retour. Ce quil ya surtout de singulier, c'est que vous etes dispensé de toute reconnoissance. La seule maniere dont elle donne, est au dessus de toute gratitude. On pourroit dire même, quelle est redevable a ceux qui recoivent ses bienfaits, tant sa grandeur dame travaille au profit de sa gloire.* Venons maintenant aux deux grandes maisons qui partagent pour ainsi dire l'attention de tout l'univers, & qui divisent toute l'Europe.

La † Maison d'Autriche se raffermit encore par la naissance d'un nouveau prince; elle y retrouve sa perpetuité dont elle a raison d'etre si jalouse. La maison de France, voit avèc joye l'heritier de sa couronne, lui procurer un nouvel eclat par l'alliance la mieux assortie; elle en concoit l'espoir flatteur du maintien de sa puissance, qui lui tient si fort au coeur. La premiere porte depuis plusieurs siecles le premier Dia-

† *Parallele de la maison d'Autriche avèc celle de Bourbon.*

Diademe de l'Europe; le seconde est assise depuis les temps les plus reculés, sur le trone le plus despotique, & le plus assuré de l'univers. Elles ont lune & lautre des heros parmi leurs ancetres; l'une compte des Charlesquints; & l'autre des Louis quatorze. Celle cy s'est vüe sur le penchant de sa ruine du temps d'Henriquatre, & celle la, apres la mort de Charles six. Les perils qu'elles ont essuyés, n'ont serui qu'a donner un nouvel eclat a leur gloire. La maison d'Autriche seroit sans doute plus puissante si ses dominations etoint reunies; & la maison de France seroit plus tranquille si ses vastes Etats etoiut divisés. La premiere a des sujets plus libres, & la seconde en a deplus fideles. La premiere est plus opulente par elle méme, & la seconde est plus riche par le moyen de ses alliés: l'une a plus dennemis secrets, & l'autre en a plus a decouvert: la maison d'Autriche n'a maintenant que deux Diademes, mais ils sont r'éunis sur la meme tete; & la maison de Bourbon porte trois couronnes, mais elles sont placées sur trois tètes differentes. Elles ont recu du ciel les faveurs, les plus signalées, & de la terre les hommages les plus sinceres, Divinités sans cesse rivales, elles ont mille fois mesuré leurs forces dans le champ de Mars, & mille fois elles ont eprouvé qu'elles pouvoint tour a tour se faire de grands biens, & de grands maux. Dailleurs c'est des deux cotés meme grandeur dame, meme gloire, meme eclat, meme vertu: ou que l'on porte ses hommages, cest toujours le discernement qui les guide.

La

La France & l'Espagne ont de grandes obligations aux Flottes Angloises. La premiere a recu les vaisseaux de sa compagnie des Indes, sans la moindte atteinte: & l'autre voit les Galllons revenus en sureté dans ses ports. Les Amiraux Anglois s'excusent de la facon la plus raisonable du monde: C'est, disentils, que les vents leur etoient contraires. La raison est Excellente; mais ces vents sont contraires depuis bien long temps! que de tempêtes n'a pas causé cette pluye d'or depuis le commencement de cette guerre?

Si la cour de Berlin se reconcilie de bonne foy avêc celle de Vienne, comme elle a temoigné le desirer, que dira la Jalousie? elle sera bien surprise de se voir forcée a lui donner les louanges les plus delicates; alors tous ces traités secrets que la calomnie ajoutoit a celui de Francfort, vont s'evanouir; il ne sera plus question que d'admirer. Le Traité de Breslau rentreroit alors dans tous ses droits; & les esprits Justes seroint forcés de convenir, que jamais on ny porta l'atteinte la plus legere.

Maintenant je t'ay promis quelques railleries, je veux bien tenir ma parole; mais je ne ferai que mettre ton esprit en chemin, il achevera le reste: je ne me charge point des aplications: le grand Condé dont la reputation est encore si brillante, a des traits dans sa vie, qui font tort a son cœur: il le comprit avêc regrêt sur la fin de sa vie; il voulut rendre sa douleur publique; & fit peindre les victoires qu'il avoit remportées &c.

Adieu. a *** ce 24. Fevrier 1745.

NUMRO IX.

LETTRE IX.

OROSMANNI

A

TEMIRKAN.

Il dit quelque Chose sur lui même, & sur le Mandarin Temirkan: il fait ensuite un recit abregé des nouvelles les plus interessantes: de là il passe au plan qu'il se propose de suivre dans le cours de cet ouvrage: il ajoute a cela des promesses, qu'il est assuré de ne pas tenir: il fait quelques portraits, dit quelques medisances dont personne ne sera faché; & finit par ou il devoit commencer.

Quel service ne m'a t'on pas rendu cher Mandarin, en me retirant du Labyrinthe ou J'allois m'egarer deja mon esprit commencoit a se donner libre carriere sur tout ce qu'il ya de plus respectable, il se faisoit un jeu de la raillerie la plus amere. Je benis mille fois cette main ennemie, qui daigne me rappeller de mon egarement. Me voila maintenant, pret a prodiguer l'encens a toute la Terre: Je donnois a mon esprit une entiere liberté; on vient de lui mettre un frein; scais tu bien que mon cœur sén fait une espece de Triomphe; mon Esprit se nourrit de fiel & d'amestame; mais du reste j'ay la meillieure ame du Monde. Tu me verras frapper * la Terre de mon front devant tous les Calyphes de l'Europe : un certain Mandarin de figure grotesque ny perdra rien a ce changement.

Mais peut etre ton esprit se de fie - de la sincerité d'un tel discours. N'en doute pas cher Temirkan ; le moindre trait de satire ne partira point de mes mains pendant tout le cours de cette lettre. Oui , qoiqu'il en coute a mon esprit; Je le promêts & je tiendrai parole ; ce quil ya de plus risible passera devant mes yeux, & je ne le blamerai que par le Silence. Peut etre même , lui donnerai je, les eloges les plus Flatteurs. Si je me transporte a la cour de Versailles , jy vois le Mandarin d'Argenson demander a l'Angleterre la liberté du grand Captif ; c'est publier vainement un chagrin que la Raison condamnoit a se tenir caché ; n'importe , il me prend envie de canoniser cette demarche inutile; rien n'est plus glorieux que de faire des suplications qui doivent être sans effect ; & le bon sens n'en murmure point,

Si je promene ensuite mes regards dans presque toutes les cours de l'Europe , j'y vois des *M*andarins Francois, offrir une armistice, dont il est aisé de presager le refus. Il est sans doute d'une

* *C'est la contume a la Chine de saluer ainsi, les princes, & les premiers Mandarins.*

d'une politique eclairée, de faire bonne contenance, quand on a le plus lieu de craindre, & de faire des menaces, quand on a lieu d'employer les careſſes: Je ne balance point cepandant, a vanter la politique de ces Meſſieurs: elle eſt toujours d'accord avec la decence, & la Raiſon. Tous ſes pas ſont dirigés par la diſcernement & la Juſteſſe.

Maintenant ſi je paſſe a la Cour de Vienne: jy vois ſes Viſirs, ſe laiſſer bercer par la Flateuſe Eſperance de renouer avec la maiſon de Baviere; ils perdent un temps precieux, & ne s'apercoivent pas que celle cy n'attend que le ſucées de l'Armée Francoiſe du bas Rhin, pour prendre hautement ſon parti. Ces fautes contre la Prudence & l'activité, je les appellerai intentions pacifiques, effects de moderation, & de grandeur d'ame.

C'eſt ainſi que je ſuis diſpoſé a n'avoir que des paroles veloutées; l'attitude dans laquelle je t'ecrits, te ſurprendroit: un air benin & Champenois eclate ſur mon front & dans mes regards: ainſi, la ſimplicité la plus gauloiſe dictera deſormais tous mes diſcours. Tu permettras meme, que je verſe dans ton cœur le Nectar des Louanges: tant mon eſprit eſt monté ſur le ton du Paneygrique. Ta Diſcretion a marité ma confiance; c'eſt a toy ſeul que j'adreſſerai toutes mes lettres: Je t'en ſuplie, qu'elles ne paſſent jamais a ces * Mandarins pre-

* *Mr. de W... & Mr. de M..*

presomptueux, qui font outrage a la penetration des autres, en voulant lui servir de guides, ils veulent deviner les sens les plus cachés, trouvent du Mistere a tout. Il n'ya que ton cœur qui sçache faire des larçins a ton esprit: il lui derobe les plaisirs de la Malignité, pour gouter ceux de la grandeur d'ame.

Afin de conserver ce ton de simplicité, que je viens de m'imposer, voicy quelques nouvelles toutes nües, je veux dire sans fard & sans parure l'Angleterre & la Hollande accordent a la Russie un subside de trois Millions, & celle cy s'engage a fournir un corps de trentesix mille hommes. Quand le Mandarin de la Chetardie aprendra cette nouvelle, il en sera aussi surpris que lé Comte de Dona; mais la cause de leur admiration sera bien differente. Il est toujours vrai que si la Russie donne un tour de bras aux ressorts de la cour de Vienne, la Roue des affaires de l'Europe, ira meilleur train: & meme l'Achille de ce siecle de viendra plus traitable.

Le mariage du Dauphin de France merite encore ton attention, aprês avoir assuré que l'Espagne est celle qui gagne leplus a cette alliance je me hazarderai a tracer le portrait de ce jeune prince.

Jl est d'une taille avantageuse; le coloris brun, le visage rond, les yeux tres vifs, les manieres gracieuses; puisque tu connois les Calyphes de la France, je vais renfermer le portrait

trait de ce jeune prince dans deux expreſſions il a le cœur de Louis quatorſe, & l'Eſprit de Louis onſe.

Les deux armées qui ſont maintenant ſur les rivages du Main, attirent l'attention de Spectateurs; ſi les Francois n'y trouvent pas leur compte & quils ſoint obligés de repaſſer le Rhin, le ſort de la Baviere en depend, & peut etre même le choix du grand Calyphe. ne ſeroit il pas plus ſenſé déxpoſer la Flandre, que ces deux objêts ſi importants? la France ne paroit pas cepandant entrer dans ces vues; cela ne prouve rien pour leur deſſein, parce-qu'ils ne ſuivent pas toujours la voye la plus droite.

Quant au nombre de ces deux armées; les ſentiments ſent auſſi partagés, que ſi elles etoint eloignées de cent lieues. C'eſt une grande affaire que d'atr aper la verité dans ces regions. Chacun juge des choſes ſuivant le penchant de ſon cœur, on peut leur apliquer un trait d'histoire aſſés burlesque. Un habitant de la Lune, je veux dire un aſtronome, obſeruoit cette Planete, il apercoit une montagne inconnue juſqu'alors: c'eéſt une fête parmi ſes confreres, mais par malheur la joye ne fut pas longue; on s'apercut qu'une Souris eſtoit cachée dans la Lunette, & que c'eſtoit la Montagne en queſtion. qu'un Allemand examine la France; il y decouvre des Montagnes, c'eſt qu'il ya des ſouris dans ſa lunette, Ce n'eſt pas que le Telescope Francois

cois ne renferme ses Souris: la Jalousie pour le premiers & la vanité pour le second, c'est a peuprês egal.

Jl est maintenant question d'exposer a tes yeux, le plan que je me propose. C'est un espeee de traité que je veux conclure avêc ton esprit; si les conditions ne te paroissent point equitables, ne balance pas cepandant a le ratifier. Dans le siecle ou nous sommes que risque ton a prendre des engagements? on ne les garde ensuite, qu'autant que l'on veut, c'est la grand mode; il faut bien s'en accomoder, & suivre les beaux usages - rien n'est plus charmant; on donne sa parole, on la reprend; on forme des liens, & on les brise: voila comme nous ferons. pour en revenir aux promesses: me voicy maintenant a Francfort; Jy reste encore quelques jours; dans cet intervalle, je te promets, les caracteres, ou plutot le Portrait de ces Mandarins qui forment les Etats de l'Empire: c'est une entreprise perilleuse; j'en conviens. malgré cela je pretents satisfaire les plus dilicats - jy veux ajouter l'histoire abregée du grand Calyphe. aprês cela je passe dans toutes les cours de l'Europe: & les Calyphes, & leurs premiers Mandarins trouveront leur porrait dans mes ecrits; mais je n'y peindrai que ces vertus qui sont pour ainsi dire a hauteur d'apuy. Ces colosses, ces Merites gigantesques ouvrages de la Flatterie, ne ttouveront point icy leur place; Ce seront des mignatures. pendant l'Election du

grand

grand Calyphe, je reparoitrai dans cette Ville; & quelque part ou je me trouve je te promets les plus jolies choses du monde. de t'on coté la discretion veillera sans cesse sur tes levres; & tu ne confieras ce que je t'ecris qu'a des yeux libres de prejugés & de Jalousie. Voila sans doute bien des engagements; mais le tout entendu suivant le genie du siecle. Nous nous sauvons toujours a l'ayde d'une Equivoque.

Je te parlois dernierement du grand Condé; il a des traits, disois je, qui font tort a son cœur, sous en faire a sa gloire; il le comprit avec regrét sur la fin de sa vie. Il voulut rendre sa douleur publique il fit peindre les victoires qu'il avoit remportées contre sa patrie; deux mains sortoint d'un nuage, & dechiroint tous les tableaux de cette espece. C'est un modele pour Mithridate: qu'il fasse peindre toute l'histoire de sa vie, & que par tout il yait des mains qui dechirent: l'expressi onsera charmante.

Dans le Mogol on pese l'Empereur une fois tous les ans; si son embonpoint a profité, c'est une joye eclatante parmi ses sujets; que lon adopte cet usage en Europe, & l'on procurera l'occasion a Pharnabaze, de donner une fois tous les ans, quelque joye a ses peuples.

Il est d'usage a la Chine d'ecrire tous les jours l'histoire de l'Empereur; lon y marque ses moindres actions & toutes ses paroles: lon jette ensuite cette feuille dans un endroit que lon n'ouvre qu'aprés le mort du prince. Tout s'y trouve exactement

actement conforme a la verité; parceque l'interest & l'adulation, ny mettent jamais la main. Si cet usage estoit introduit en Europe; le Journal de Pirrhus seroit quelque chose de bien plaisant! il seroit plus divertissant, qu'admirable.

Depuis le commencement de cette guerre, chacun a voulu donner a ses vües les couleurs les plus favorables : personne, a mon avis, n'a mieux réussi que la France, a leur donner un masque dans le gout connique : ils sont garants, disent ils. des libertés & des privileges de l'Allemagne : & ne viennent que pour les mettre a l'abri du naufrage. Mais de qnel antre rui de l'Europe est sortie la Tempete qui desole l'Empire, si ce n'est de ce Palais superbe qui fait la gloire de leur dernier Calyphe? ce qu'il ya deplus plaisant a tout eela, c'est que les Allemans eux memes, ent exigé dans leurs traités avéc la France, qu'elle fut garante des libertés de leur patrie. La France a t'elle donc tort de profiter d'une confiance si naïve. Dailleurs les allemans pouvoint ils remertre leurs libertés dans des mains plus pures & plus nettes? en verité je nescais point comme on a le cœur d'en rire.

Adieu.

a *** ce 6. Mars 1745.

NUMRO X.

LETTRE X.

OROSMANI
A
TEMIRKAN.

Il rapporte les raisons pour lesquelles la France a changé de Plan, par raport aux affaires de l'Empire: il plaisante apres cela, sur le caractere des Allemans; de la il passe aux intrigues de la Cour de Munich & de celle de Berlin: il fait le Portrait du Prince de Conti, du Marechal de Maillebois, & du Duc d'Aramberg: il ajoute a cela quelques Enigmes, aussi claires que l'Apocalypse, pour les gens du vulgaire; & finit par un trait qui ne chagrinera qu'un seul de ses lecteurs, & qui divertira tous les autres.

Je persiste encore dans cette humeur bienfaisante qui rend les hommes pacifiques. Je veux etre si bon, que je ne medirai pas meme des François, ni des femmes de Franfort. Il faut assurément etre d'une heureuse complexion, pour ne pas franchir ces bornes etroites: puisque les premiers sont en fait de politique, ce que celles cy sont en fait de mœurs: ce que les femmes les plus adroites, mettent en œuvre, pour faire triompher leur charmes, la Politique Francoise le met eu usage, pour le succes de ses intrigues: il me prend fantaisie de comparer icy les Ministres Francois, a une courtisane sur son retour. Celle cy repare les outrages du Temps par des couleurs empruntées, & des ornements accumulés; ceux la colorent sans cesse leurs demarches, par des raisons specieuses & frelatées. La premiere ne seduit que le mauvais gout, & l'inexperience, les seconds n'attirent dans leur parti, que l'ambition & la cupidité. L'une n'a des amis qu'antant qu'elle les achete; & les autres n'ont des alliés qu'autant qu'ils les prenent a leur solde; celle la se rend a l'apparence meme de la passion, & ceux cy donnent leur confiance, au masque de l'attachement & de la bonne foy. La premiere doit presque toutes ses victoires a l'eclat que les richesses donnent a ses attraits; & les derniers doivent a leurs Tresors, tous les trophées de leur Politique: enfin une vieille courtisane se jette dans les bras de tout le monde; & ces politiques liurent les forces de leur patrie, a ceux meme qui les rejettent.

Je t'avois annoncé la retraite des François; il n'est rien de tout cela: c'est un sisteme que le Bonsens avoit mis au jour; mais l'Imagination l'a bientot renversé: il n'en est plus maintenant question, bien plus au lieu de se retirer en Alsace, ils s'enfoncent dans l'Empire, pourras tu le

croi-

croire, mon cher Temirkan? de ja les Francois vont affronter leurs ennemis, ils ont paſſé le Mayn, & tout ce de a leur aproche; l'ennemi deconcerté, ne trouve ſon ſalut que dans la ſoumiſſion. L'Epouvante frape les premiers coups, & tout eſt obligé de ſubir la Loy. Journée a jamais memorable; une armée entiere attaque quatre cents Hanovriens, & ceux cy ſont forcés de ſe rendre: Jamais les aſſaillans ne ſe firent plus d'honneur que dans cette occaſion, tu vois bien que je me fais un plaiſir de rendre juſtice au merite Francois; ſi j'en dis enſuite quelque mal, n'en acuſe point la mauvaiſe humeur. C'eſt la ſeule verité que parle dans mes ecrits.

Maintenant ſi la France a changé de Plan, c'eſt ſur les cours de Londres & de Vienne que tu dois en jetter la faute. Les Miniſtres de ces deux cours, ont une connoiſſance parfaite de celle de Verſailles. Du Temps des anciens Romains, Annibal croyoit qu'on ne pouvoit les vaincre, que dans Rome même, c'eſt tout le contraire pour les Francois; on ne les detruita jamais dans leurs propes foyers. Mais qu'on les attire en Baviere ou en Boheme; il ne ſera pas neceſſaire de reſuſciter Malbourough, pour leur faire retrouver Hochſtett & Blenheim: chaque pas qu'ils feront ſera marqué par leurs defaites.

Scais tu bien, mon Cher Mandarin, que ſi les alliés, n'avoint point a defrendre l'Electorat d'hannovre, ils auroint beau jeu dans ces circonſtances. les Francois veulent faire des conquetes a quelque prix que ce ſoit; n'en doute pas; ils retourneroint en Boheme & en Autriche; c'eſt la que la famine & la contagion les detruiroint ſans le ſecours de leurs ennemis; une Lettre qu'un des plus eclairés Calyphes de l'Europe, ecrivoit a la cour de Vienne, & laquelle eſt tombée entre les mains des Miniſtres Francois, met cette penſée dans unbéau jour; tu neſeras pas faché de lire cette Lettre, Laquelle renferme tout ce que j'avois a te dire ſur ce ſujet, elle fut ecrite dans le Temps que le grand Calyphe Charles ſeptieme, faiſoit mine de vouloir ſe r'accomoder avec la cour de Vienne.

„ Rien ne ſeroit plus funeſte avos interets, „ diſoit il a la Reine de Hongrie, que de fai- „ re la paix avec le grand Calyphe; & ſi la Fran- „ ce ne combattoit que pour elle meme, votre „ Majeſté ſe trouveroit engagée a des depenſes „ inſuportables; bien plus elle ſe verroit privée „ du plus grand avantage, qu'elle puiſſe jamais „ avoir contre la France: tandiſque celle cy „ s'opiniatre a faire valoir les pretentions de la „ Baviere, elle eſt forcée d'envoyer ſur le Da- „ nube la plus grande partie de ſes forces: avec „ quelle facilité vos generaux n'ont ils pas de- „ truit ces armées etrangeres? ou plutot la fa- „ mine & la Contagion ne leur en ont ils pas „ epargné la peine? ſi votre Majeſté veut con- „ noitre parfaitement combien il eſt avantageux „ pour elle d'etre en guerre avec le grand Ca- lyphe:

„ lyphe ; elle n'a qu'a jetter les yeux ſur le ſie-
„ ge de Pragues, dans ce temps la votre Maiſon
„ & ſes alliés avoint plus enervé la France, que
„ ne firent jamais Malbourough & le Prince
„ Eugene apres tant de victoires. Si nos alliés,
„ avoint ſaiſi ce moment heureux, la France
„ ne pouvoit ſe diſpenſer de ſubir la Loy.

C'eſt ainſi que ce Calyphe donnoit a la cour de Vienne les meilleurs conſeils du monde : elle les a ſuivis ; & je ſuis bien aſſuré qu'elle ne les perdra jamais de vue : Je n'en ay d'autre garant que la penetration de ſes Wiſirs, mais quelle apparence, diras tu, que les Francois rentrent encore une fois dans ce Labyrinthe inpraticable ? l'Experience les a ſans doute rendu ſages : que tu connois mal la nation Francoiſe ! Je ne voudrois pas Jurer qu'il ne leur prene encore fantaiſie de faire un ſecond pelerinage en Boheme, & d'aller viſiter le Tombeau de leurs confreres : c'eſt une eſpece de courage que la Raiſon deſavoue, mais que le gloire canoniſe quelque fois. Je compare les Francois dans ces occaſions, a ces amans enchantés qui raviſſent la premiere Fleur de la Beauté qu'ils adorent ; les obſtacles ne ſervent qu'a redoubler leurs efforts ;

Dans ce changement de ſiſteme, les alliés ſont aſſurés dy trouver leur compte, & la France ſimagine, pouvoir y gagner de ſon coté : par la tout le monde ſe trouve ſatisfait. Je ſouhaite fort, que ces flatteuſes eſperances ſe ſoutiennent de part & d'autre.

Du caractere dont je te connois, ton cœur n'est pas insensible a la situation de l'Allemagne: elle devient par la, le Theatre eternel d'une guerre funeste. Pour moy qui n'ay pas le naturel tout a fâit si tendre, je m'avise quelque fois d'en rire. En effêct je ne trouve pas que les francois ayent tant de tort. Depuis trois ans ils se promenent dans l'Empire, & les Allemans sont obligés de les regaler sur la route: C'est assûrément bien commode. Mais je ne me resoudrai point a blamer les françois, de ce qu'ils profitent de la boniveté des Allemans. A leur place je ferois encore mieux: Par tout ou je passerois, la fureur & le Ravage devanceroint mes pas. Que risque t'on a tenir une pareille conduite? la moitié de l'Allemagne roule ses pensées dans des tourbillons de fumée; Enfante mille vains projets, & n'en execute point. Flottans dans les bras de la Discorde & de la Division, ils s'assemblent, ils deliberent, ils s'agitent; ils protestent; & le Denoument de cette Comedie, c'est toujours la plus exacte neutralité. Mon cher Mandarin; il ya plus de gravité dans le seul Empire de la Chine que dans tout le reste du Monde: Cepandant; si lon retracoit aux yeux des Chinois dun coté, les amitiés que les francois ont faites aux Allemans, & de l'autre la plus exacte neutralité de la part de ceux cy; tout l'Empire Chinois eclateroit de rire.

La

La Cour de Berlin n'eſt point livrée a ces agitations violentes, qui ſuivent les fauſſes demarches. Quand elle eſt rentrée dans la carriere, elle en a prevu toutes les ſuites. Pourvu que la Ruſſie & la Pologne reſtent dans leur neutralité, ce quelles feront ſans doute; la Cour de Berlin peut voir dun oeil tranquille tous les orages qu'on lui prepare : Ce qu'il ya de bien avantageux pour elle, c'eſt que ſes alliéz ont trop d'intereſt a ſon amitié, pour ſexpoſer a la perdre. Elle peut même les indiſpoſer ſans craindre les repreſailles: ainſi les couleurs dont on veut noircir les Demarches de cette cour, ne peuvent avoir lieu. Si ce Calyphe redoutable a renoué des liens qu'il avoit briſés avêc tant d'aplaudiſſement; C'eſt le ſeul amour de la gloire, auquel on en eſt redevable. L'intereſt ne peut point avoir produit un tel changement. Quelques legers ſubſides, & des Esperances peu fondées, nauroient point ebranlé cette ame ſi noble & ſi genereuſe. Le deſir de ſe rendre illuſtre par la gloire des armes; voila le Motif glorieux qui la fait rentrer en Boheme, & ſes esperances n'ont point été vaines.

La Cour de Munich, paroit encore plus tranquille; mais ſous le voile du repos, les affaires les plus importantes y fermentent ſans ceſſe. Elle ourdit encore deux trames bien differentes. D'une main elle travaille avêc la Cour de Verſailles, & de l'autre avec celle de Vienne. Mais ſes menagements ſont ſi bien compenſés qu'elle don-

donne autant a l'une qu'a l'autre ; la vertu seule decidera de quel coté doit pencher la Balance ; car aprens cher Mandarin, que la vertu seule est aujourdhui l'oracle de cette cour ecclairée. Le Mandarin qui tient le fil des affaires dans le Labirinthe de cette cour, est d'une si grande habileté quil ecarte meme les soupcons : son portrait est digne de ta couriosité.

La Renommée a conduit le Prince de Conty a l'armée du Marechal de Maillebois, pour en prendre le Commandement. Quoiqu'il nyait ayat rien de fondé sur ce point je saisis l'occasion, pour tracer icy le caractere de ce prince. Il est de belle taille, l'Epaule saillante, mais tres bien fait d'ailleurs ; c'est la phisionomie la plus gratieuse que l'on puisse imaginer ; sa demarche est hardie, ses manieres sont nobles sans affectation ; un je nescais quoi d'enhanteur est repandu sur toute sa personne : on se croit redevable envers lui, quand on l'a vu. Les Graces les plus adorables lui servent de cortege, meme jusques dans le champ de Mars. Ce qu'il ya de plus glorieux a son coeur, c'est qu'il na jamais fait un seul mecontent. Je ne dirai point de lui qu'il fait tort a la gloire du grand Condé : c'est un caractere tout different : l'un s'est fait autant d'amis, que l'autre avoit des ennemis. Conty suit une toute differente ; il se fait un grand nom sans faire tort a son devoir, & sans meme reveiller la jalousie.

Je tavois promis quelques Eniygmes & bien d'autres choses ; cesera pour une autre fois. Adieu.

a *** ce 16. Mars 1745.

NUMERO XI.

LETTRE XI.

OROSMANI A TEMIRKAN.

Il acheve ce quil avoit promis, cest adire qu'il fait les portraits du Feld-Marechal comte de Terring, du Marechal de Maillebois, & du Duc d'Aramberg: propose trois Enigmes qui renferment des nouvelles fort interessantes : de lä il passe en Angleterre, revient a l'Armée du Duc d'Aramberg s'y arrete quelques temps, & finit par quelques reflexions sur l'Etat de l'Allemagne.

Je suis bien tenté de ne pas tenir ma parole pour les Portraits que je tavois promis; a quoi bon cette exactitude; ce n'est plus la Mode parmi les grands; & dans ma petite sphere, je veux prendre le ton des Maitres du Monde: concerter avec eux; promettre cent choses & n'en tenir aucune, pour cette fois je veux bien ne pas agir a la P.... j'ay promis des caracteres, en voicy.

Le Feld-Marechal comte de Terring est de belle taille ; la Phisionomie seche mais fort spirituelle, les traits doux & insinuants; les manieres engageantes; son premier abord gagne la confiance des cœurs les plus difficilles: il s'y glisse si adroitement. Quon est quelque fois long temps sans le reconnoitre, pour son Esprit, il est de la meilleure trempe que l'on puisse imaginer. Ses discours ne sont point un tissu de saillies, & de traits brillants; mais il trouve toujours cette liaison, & ce raport de choses, ce qui n'appartient qu'au vrai genie. Sa facilité dans les affaires est admirable; les plus grands obstacles ne retardent point sa marche. Son imagination epargne a son Esprit, la peine de les aplanir. Ce qui prouve surtout l'Etendüe de son genie, c'est qu'il semble l'avoir partagé sans lui faire tort; & quoique la partie qu'il consacre aux affaires soit bien considerable, il en reste encore une bonne doze pour les agréments de la societé. Personne ne s'entend mieux que lui, a voiler sa marche: il n'a point recours a cette contrarieté de paroles, que les politiques vulgaires mettent si fort en usage. Dire le contraire de ce que l'on pense c'est le chemin battu: cette maniere est une Espece de gaze fort claire ou il est aisé de lire leurs secrets & leurs Misteres. Le Feld-Marechal scait faire prendre le change, sans laisser aucun doute: Son Esprit est un espece d'Aimant qui fait tourner l'Esprit des autres comme bon lui semble. Quant

a

a ſon cœur, il eſt ſurprenant que ſa droiture & ſon integrité, ayent parcouru le Labyrinthe obſcur de la politique, ſans jamais broncher: en ourdiſſant les trames les plus delicates, il a toujours conſervé ſes mains pures. Son Eſprit n'a jamais rien fait a l'inſçu de ſon cœur.

La Marechal de Maillebois qui commande l'Armée Francoiſe du bas Rhin, eſt d'un caractere tout different. Il eſt d'une taille avantageuſe, la phiſionomie pleine, les traits males & guerriérs; une politeſſe naturelle, mais ſimple & ſans affectation, telle qu'il convient de mettre en uſage dans le champ de Mars; ſans faſte & ſans preſomption, il a mille fois recueilli des lauriers eclatans dans les ſentiers de la gloire. a Plane meme en ſacrifiant tout a la ſoumiſſion & au devoir, il a plus fait pour la gloire veritable, que s'il avoit remporté la plus belle victoire. Perſonne ne peut le lui diſputer en fait de commandement: il inſtruit plus une armée dans un ſeul jour, qu'un autre ne le feroit pendant une Année. l'Exactitude, & la regularité font ſes delices: & ces menagements, appanages de la foibleſſe n'entrent point dans ſon coractere: Si les Francois pouvoint s'accomoder de la diſcipline la plus exacte, ce Marechal l'eut indroduite dans leurs Armées, voicy le coup de Peinceau qui te le faira connoitre: ce Marechal n'eſt ni un Uliſſe, ni un Achille; mais retranche les artifices & l'eloquence du premier, l'audace & la temerité du ſecond;

dans ce qui reste a ces deux heros, tu reconnoitras le Marechal.

* Le Prince d'Aremberg qui commande l'Armée Alliée du bas Rhin, a des traits qui le distinguent de tout autre; il n'ya rien d'outré dans son caractere : tout sy trouve dans une harmonie parfaite : ces vertus saillantes qui ne frapent que les yeux du vulgaire, sont inconnues a ce general. La valeur, la Prudence, la generosité, la Justice, l'amitié, le desinteressement, l'amour de la gloire & du Devoir; enfin toutes les vertus dignes d'un prince & dun General ; mais avêc cette proportion qui fait le vrai Merite. Il n'est presque point de caractere au Monde, ou tout soit pour ainsi dire a l'unisson. Par tout ou le Duc d'Aramberg se trouve, dans les plaisirs, a la tete des Armées, dans le Cabinet, Il est toujours a sa place; l'on diroit que la Raison & la Decence le tiennent toujours par la main, & guident tous ses pas : c'est le Bon sens de Socrate, mais paré de tous les agréments, & de toutes les graces.

Mais quittons les portraits, & venons a ces Enygmes qui sont des metz delicats pour ton Esprit. Je ne me suis engagé que pour trois, il me prend fantaisie d'en donner quatre; a peu pres comme un Calyphe de l'orient, que je ne nomme point; il avoit promis douse mille hommes, par un traité solemnel; il s'est avisé de n'en

* *Portrait du Duc d'Aramberg.*

n'en pas fournir un seul ; une autrefois il ne s'estoit engagé que pour quinse mille ; il en à fourni cent trois ; que l'exemple est seduisant ! je veux etre le singe des Calyphes, & des Visirs. Quand je promettrai beaucoup, je tiendrai peu ; & quand je promettrai peu, je tiendrai beaucoup. Tout au rebours du bonsens, & de la bonne foy. Et si quelqu'un s'avise de censurer ma Conduite, qu'il aprene que les grands sont faits pour donner l'Exemple, & que c'est a nous a le suivre. L'arrest qu'il lancera contre moy, retombe sur les têtes les plus illustres. Venons aux Enygmes.

Il ya une Agripine en Europe ; son Epoux Claudius, ne regne pouit ; il ne sçait qu'obeir, il adopte, il aprouve, il aplaudit, voila ses occupations ; Agripine Commande avêc un Empire absolu. Ses avis dominent dans les conseils ; elle punit, & recompense ; elle condamne & elle absout. Son pouvoir est sans bornes. Si le jeune Neron, n'est point encore a la Place de Britannicus, c'est que Claudius est encore en Vie ; d'ailleurs toutes les mesures sont prises. Grand dieu, quelles ressources ne trouve t'on pas dans les secrêts du la Chimie ! la Tendresse d'une mere est bien ingenieuse !

Auguste adopta le jeune Tibere : mais le Senat n'entra point dans ses vues ; il cajola ses esperances flatteuses tandis qu'il estoit en vie. a peine eut il fermé les yeux a la Lumiere, qu'il s'eleva des brigues formidables contre

Tibere. La Jalousie & l'interest l'ecarterent du Trone des Cesars : on ne lui trouva point les qualités essentielles ; il fut debouté de ses esperances, & Germanicus fut mis a sa place : Livie même, cette fille d'Auguste, que la vertu rendit a jamais celebre, Livie s'est vue attaquée de toutes parts : mais la mort de Germanicus a suspendu l'orage, & Tibere se voit encore sur les Rangs.

Le fils de Germanicus est heritier des esperances de son pere ; mais la maison d'Auguste se voit maintenant a la Tête d'un puissant parti : c'est bien dangereux d'entrer en lice avec elle ; il l'a compris & les artifices de Theodat n'ont encore réussi qua le confirmer dans ses doutes & dans ses allarmes. Parmi tant de troubles, le fils de Germanicus se jette dans les bras de ses ennemis, sans abandonner ses amis.

Alexandre n'avoit jamais compris que ses phalanges pouvoint etre arretées dans leur course: quand il les a vu revirer de Bord, & chassés des regions qu'il avoit envahies, sa surprise a eté si grande qu'il n'en est point encore revenu. Confiné dans ses Palais, on ne le voit plus a la tete de ses Phalanges ; il promene sans cesse son etonnement qui dure encore.

Phormion Roy des Allobroges, est frapé de la frayeur la plus mortelle. Menacé de toutes parts, il se voit hors d'etat de resister a Claudius & a Theodat. Il a recours aux negatiations: c'est un secret pour gagner du temps, & pour endor-

endormir ses ennemis. Le bon Theodat ne balance point d'entrer dans ses vues : Claudius donneroit également dans le Piege, mais Agripine est trop scavante en artifices, pour se jetter dans l'Embuscade. Phormion s'est toujours bien trouvé de cette manœuvre ; il la tient de son pere dont il a toutes les qualités, si lon en excepte l'inconstance & la mauvaise foy.

Me voila maintenant degagé de ma parole ; mais ne crois pas, cher Mandarin, que cela puisse tirer a consequence. C'est pour la derniere fois que je suis l'ancienne Methode ; je me range pour toujours du coté de la nouvele.

L'Angleterre depuis le commencement de cette guerre, n'a rien oublié pour decouvrir un Malbourough dans son sein ; mais toutes ses recherces ont ete vaines. Ce climat fecond en heros, qui produisit les Edouards, les Princes de Galles, les Talbots, & les Malbouroughs, semble maintenant epuisé. Lon diroit que la nature en formant ce dernier a fait un trop grand effort ; & quelle se repose mainteuant pour reparer ses forces. Leurs Ministres, leurs Amiraux, & leurs Capitaines, tout cela est frapé au meme coin. La pluspart de leurs traités sont gauches, & portent presque toujours a faux. Leurs Flottes & leurs armées ont egalement bien manœuvré. Le siege de Cartagene, par les anglois & l'excursion en Boheme par les François, voila qui va parfaitement de pair, en cela c'est la meme sagesse, & la meme gloire ; rivaux eternels dans

dans les ſentiers de l'honneur, il n'ont rien a ſe reprocher, ni en bien ni en Mal, depuis pluſieurs années, c'eſt a qui divertira la mieux les ſpectaters: il n'ya que cette difference, c'eſt que les uns donnent plus dans la plaiſanterie & les autres dans le ridicule. Si je ne voulois aujourdhui remplir entierement mes promeſſes, je m'amuſerois a tracer un Parallele de ces deux nations. Cela viendra dans ſon temps.

En revenant de Londres je ne puis m'empecher de venir par la Hollande, a l'armée du Duc d'Aramberg. En paſſant il me prend fantaiſie de deſſiner les Etats generaux. Leurs hautes Puiſſances, reſſemblent parfaitement dans les affaires preſentes a une jeune Chinoiſe de douze a quinze ans. La premiere fois qu'elle aborde ſur le rivage de la galanterie; que de rigueurs, que d'allarmes, que d'inquietudes; elle n'accorde rien; il faut tout ravir: c'eſt un combat des plus opiniatres: l'amour y trouve ſon compte, & le plaiſir auſſi; mais ces beautés ſi fieres au premier abord, & qui marcheut a pas comptés, dez leur premiere naiſſance dans le monde galant, marchent enſuite a pas de geant, quand une fois elles connoiſſent le terrain. Acheve ce parallele avec la Hollande; il eſt parfait. Je ne voudrois pas jurer que dans peu, cette republique ne marche a la tete de tous ſes alliés, elle que l'on a toujours vu faire l'arriere garde en toutes choſes.

Adieu.

a *** Ce 19. Mars 1745.

NUMERO XII.

LETTRE XII.

OROSMANI A TEMIRKAN.

Il parle de . . . . il passe de lâ aux . . . . il vient ensuite à . . . . s'amuse quelques instans avëc . . . . & r'apporte des . . . . il badine après cela sur les . . . . gloze sur la Conduite de . . . . . . Loüe & satirise tout a la fois deux originaux de la Cour de . . . . . . & s'embarque sur la Mer Baltique. Enfin avëc toute la Politesse imaginable, il suplie tous ceux qui n'ont souscrit que pour trois mois, de revenir a la charge, pour tout le Reste de l'année : sans cela, cest la derniere feuille qui les divertit ou qui les ennuye : il finit en faisant observer aux Calyphes & a leurs Mandarins du premier ordre, qu'il est de leur interest de souscrire aux Lettres Chinoises. Malheur a celui qui les aura dedaignées, s'il joue un Rôle eclatant sur le Theatre du Monde : Orosmani se charge de l'en faire repentir.

Depuis que Claudius est assis sur le trone de l'Iberie, cette nation paroit être Metamorphosée, la vanité lente & paresseuse laquelle endormoit leur courage & leur activité, ne dirige plus leurs conseils, c'est l'habileté, c'est l'ambition, cest le courage le plus ardent; voila les guides qu'ils ont adopté depuis quelque temps. En devineras tu la Raison? il est aisé de s'apercevoir qu'ils travaillent pour le fils d'Agripine. Le courage & la fermeté de cette heroine, reveille l'assoupissement de ses guerriers: Elle parle, & tout est en mouvement. Tu reconnoitras toujours sans peine., si cette nation travaille pour les fils d'agripine, ou pour ceux de Claudius. Tout réussira pour les premiers; mais ce sera tout le contraire pour les autres: C'est, qu'Agripine scait l'art de detruire les armées, & d'acheter la gloire des generaux. Elle ira jusqu'a la Source; & tout sera conforme a ses voeux.

Garde toy bien, Cher Mardarin, de t'imaginer que tout cela convient a l'Espagne. A Dieu ne plaise que j'employe en sa faveur un coloris si peu favorable: Elle à les meilleures intentions du Monde dans cette guerre; elle donne tous les jours a ses alliés des nouvelles preuves de son attachement & de sa cordialité. En effect le Desintereslement de la cour de Madrid, merite notre admiration. Pourras tu le croire, mon cher Termirkan? la mort meme du grand Calyphe d'Allemagne, n'a point refroidi l'amitié de l'Espagne pour la cour de Munich: elle vient de le declarer a la face de tout l'univers. Il faut sans doute l'en croire sur sa parole: en effect

effect elle ne prodigue ses tresors que pour la Maison de Baviere ; la conqueste du *Milanez* qu'elle poursuit depuis si long temps, ne regarde que le fils de germanicus : c'est pour lui seul que l'Espagne fait tant d'efforts. Je suis bién assuré que tu n'en croiras rien ; mais ce n'est point ta faute ; c'est plutôt la mienne : c'est que je ne suis point habile a persuader les verités douteuses. J'en serois meme bien faché dans cette occasion ; parceque je ne le ferois qu'au depens de ton Esprit & de tes lumieres.

Les vues de l'Espagne sont trop claires, pour laisser le moindre doute. Ce quelle avoit projetté pour la Campagne prochaine, prouve surtout combien elle souhaite de parvenir a son Terme. La Jonction de ses deux armées d'Italie poroissoit inevitable ; tout estoit arrangé sur ce point ; & les Genois consentoint meme a voir leur ville reduite en cendres, plutôt que de ne pas favoriser ce projet avantageux : mais qu'il y à des ressources dans le Monde ! la cour de Londres a trouvé le Moyen d'écarter le coup le plus dangereux qu'on eut encore preparé a l'Italie Autrichienne, & a la cour de Turin. La maniere dont on a detourné l'orage est singuliere. Telle est aujourdhui la Politique de l'Europe ; on trafique sans cesse la gloire & les avantages des nations : Les Ministres de la cour de Londres s'entretiennent fort souvent avec ceux de France. La guerre est cependant allumée eutre eux ; mais ce n'est que sur le Theatre ;

tre ; il se font mille amitiés derriere la scene. Apeu prês comme ces acteurs habiles ; il semble qu'ils sont ennemis declarés ; ne sont ils plus sous les yeux des spectateurs, ils sont les meilleurs amis du Monde. ainsi toutes ces Declarations, tous ces discours empoulés qui sortent de la bouche des Calyphes, & de leurs Mandarins, tout cela n'est fait que pour l'imagination dés spectateurs : c'est pour l'Eclat & la pompe du Theatre ; ou tout au plus pour la vraisemblance ; mais la verité ne parle que dans les coulisses, ou derriere la scene.

Telle est la conduite des Ministres Francois avec ceux de la Cour de Londres, Il estoit essentiel pour les alliés d'empecher la Jonction des armées Espagnoles ; il n'yavoit que la France dont on put se flatter d'obtenir cet avantage. Elle peut donner des ordres a l'Espagne, elle s'est servie de son autorité. La Jonction de ces troupes a eté declarée inpraticable. Un seul chemin pour rentrer en Piemont est Marqué ; & ce cercle etroit, l'orsqu'une fois il est tracé par la France, il n'est pas permis a l'Espagne de s'en Ecarter. Ne t'imagine pas cepandant que personne soit icy la dupe ; chacun y gagne de son coté, ce que la France perd sur le continent, elle le recouvre sur la Mer. Je ne suis point habile dans la connoissance des Temps ; malgré cela je predis avec confiance que les vents seront souvent contraires le Printemps prochain, pour les Flottes Angloises. J'avoue que je suis naturellement

lement le plus mauvais prophete du Monde ; mais pour le coup ; je ne rate point la verité : Elle est tombée dans mes filêts. Voila cepandant bien de choses ; mais c'est du serieux ; il n'ya rien d'amusant a tout cela. Il me prend fantasie de changer de Ton , & de plaisanter sur toute la Terre. Je n'epergnerai personne, pas meme les Chinois. Passons dabord a Londres ; a coup sur nous y trouverons dequoi rire.

Le Calyphe qui les gouverne, ne le cede en rien a Guillaume troisieme : & je ne puis en parler qu'avec la plus profonde veneration. Mais du Reste qu'il ya d'originaux dans ses Etats ; jy passe toujours rapidement , & les sottisses viennent de toutes parts fraper mes yeux & mes oreilles. Ils sont si portés a la Jalousie & a la haine, que chaque Anglois est porté naturellement a se hair lui meme. Malgré cela leur Modestie est si grande qu'ils prenent le pas sur toutes les nations de l'Europe. cest fort bien fait a eux de prendre le premier rang daus leur imagination ; l'amour propre ne se repait que fort rarement de la Réalité. Il faut avouer pourtant que cette nation nest pas sterile en heros de la nouvelle fabrique , pour un Lobkovitz dont l'allemagne peut se vanter, & pour un Belisle que la France peut produire : l'Angleterre a des Vernons, des Stairs, des Wades, des Mattheus, des Carterets. J'en pourrois citer Mille. Ce qu'il ya de bien glorieux pour ces Messieurs, c'est qu'ils commencent maintenant d'agir a la

Francoiſe : Ils veulent encore une fois retablir le Calyphe Theodore dans ſes Etats de Corſe: Cette generoſité merite ſans doute des louanges: Il nya qu'une choſe adire a tout cela ; c'eſt une eſpece de vol que l'Angleterre fait a la France ; il n'appartient qu'a celle cy de proteger l'avanture. Elle ſe charge depuis quelque temps de tous les Chevaliers errans.

Réponds moy, cher Temirkan ; depuis la derniere Revolution que nous avons eprouvée a la Chine, & que les princes Tartares ſe ſont emparés du Trone : nya til pas quelque rejetton ſupposé de l'ancienne maiſon de nos Calyphes ? qu'il ſe hate de venir en Europe : il y trouvera des alliés; les Mandarins de Theodat ne manqueront pas de donner dans ſes vues. Tu ſerois bien ſurpris de les voir debarquer ſur nos frontieres. C'eſt un peuple aſſès curieux a voir : leurs manieres te divertiroint : & quoique le Bonſens ne puiſſe Jamais aprouver une pareille demarche , cela ne prouve rien pour eux : il ſacrifient tout aux avantures Romanesques.

Les Allemans de leur coté ne ſont pas moins attentifs a divertir les ſpectateurs. Quand ſoixante mille Francois entrent dans l'Empire ; les Allemans s'empreſſent de conſulter la Bulle d'Or. Ils y trouvent un Article que defend aux Francois de ſe tenir dans l'Allemagne ; a cette vue , ils ſont ſi ſurpris que cent mille Francois ſe revoltent contre la Bulle d'Oor, qu'ils ne peuvent revenir de leur etonnement.

Les

Les intrigues du Nord ne ſont pas moins ſingulieres. Notre bonne voiſine la Ruſſie cauſe de grands embarras au parti François. Pour l'endormir encore une fois on a fait des propoſitions aſſes curieuſes. Le Calyphe de Copenhague poſſede, comme tu ſcais le Duché de Schlezwick; il voudroit fort ſ'y maintenir, malgré la Maiſon de Holſtein qui le reclame. Ce n'eſt gueres poſſible aujourdhui. Cepandant la France, Mediatrice generale de toutes les affaires du Monde, propoſe une Echange aſſes raiſonable. Elle donne au Calyphe les Duchés de Bremen & de Werden; & celui cy reſtitue. Schlezwick a ſes maitres legitimes. Cette generoſité de la France ne te paroit elle pas admitable? elle donne les biens des autres avec une facilité qui ſurprend. Le Calyphe d'Hanovre a, dit on, agréé, ces propoſitions. Mais en repreſailles il a donné l'Alſace, & la Lorraine a la Maiſon d'Autriche. Les Mandarins de l'Eſtock & de Beſtuchef qui ſont les oracles de la Cour de Ruſſie, approuveront plutôt cette donation que le Premiere. Je ne voudrois pas jurer mon cher Temirkan, que les Mandarins Francois, ne cedent un jour les Provinces de Choanty notre Calyphe. Il n'eſt point de ſiecle qu'ils ne faſſent mille traités de Partage. Ils donnent des provinces & des couronnes; ils ſe chargent meme aſſes volontiers d'en faire la Conqueſte: mais presque toujours ils font ſi bien, qu'ils diſpenſent de toute reconnoiſance.

Les

Les negotiations du Comte de Loos aux cours de Vienne & de Munich, ne peuvent manquer de réussir. Mais le succes de cette intrigue surprendra dautant plus, que la Cour de Vienne & celle de Versailles, mettent le Diademe de l'Empire sur la meme teste, avec des vues bien differentes. La derniere sera bien surprise de voir sa Rivale en recuillir tous les avantages. Ce quil ya de singulier dans cette offrande, c'est que ces deux cours presentent la meme couronne; Mais on ne peut l'accepter de l'une sans se brouiller avec l'autre. Si j'etois a la place du Calyphe en question, je ne balancerois pas long temps; je prendrois le parti le plus sur.

Au reste, il ya, dit on, des Mandarins a la Chine, qui se plaignent de la rareté de mes lettres; j'en avois promis deux par semaine, je n'ay pas toujours tenu parole. Je n'ay qu'un mot a leur dire, pour les engager a me faire grace. Ceux que mes ouvrages ennuyent, n'auront pas grand peine a me pardonner. Ils m'ont meme obligation; & j'ay droit aleur reconnoissance; quant a ceux qui les lisent Volontiers; j'ay trop d'interest a leurs plaintes, pour tacher de les Calmer.

Adieu.

a *** Ce 3. Avril 1745.

NUMERO XIII.

LETTRE XIII.

OROSMANI A TEMIRKAN.

Il dit du bien de certaines personnes, & quelque mal de certains autres. Il passe de lâ a des reflexions, sur les circonstances presentes, rend compte d'une avanture singuliere; & r'apporte une lettre d'un paysan de Suabe aux Ministres de la Cour de Versailles. Il va rendre visite a la Cour de Londres, passe ensuite dans plusiêurs Cours d'Allemagne & du Nord: & finit par un-trait de satyre.

Jl y a bien de gens a la Chine, qui se plaignent de ma façon d'ecrire: mais dans ce parti contraire je n'apercois, ni le bon gout, ni la Raison; c'est l'oisiveté, c'est le mauvais gout, qui sont pour ainsi dire les generaux qui les commandent. Je ne m'amuserai point a combattre une troupe si foible, & si dedaignée, qu'ils scachent seulement, que la liberté & non la licence, regne dans mes Ecrits. Je suis pour ainsi dire le secretaire de la verité: & les Calyphes

N de

de l'Europe mont donné carte blanche, pour leur faire de tres humbles remontrances, quand je le trouverai bon. J'ay la dessus un privilege exclusif, que je tiens de la Droiture, & du de faut d'ambition. Maintenant si quelqu'un m'accusoit d'etre Enigmatique; je t'en suplie, sage Mandarin, reponds lui de ma part, que toutes les pensées qui sont dans les meilleurs Ecrits se trouvent naturellement dans l'Esprit de tous les hommes: c'est un feu caché sous la cendre; le moindre souffle le decouvre dans les gens d'Esprit; & dans les autres, le souffle le plus grossier suffit a peine pour le devoiler. Mais je n'ecris que pour les premiers: c'est en faveur de leur delicatesse que je m'ecarte de ces verités vulgaires qui passent mille fois par jour dans les bouches les plus triviales. Je ne poursuis que ces verités qui causent une espece de surprise au premier abord; tout le monde les scait, mais presque personne n'y pense; en voicy quelques unes de cette espece.

Cenobaldus Roy des Pictes ne doutoit point que la Russie n'executat de bonne foy ses engagements; il se dedemageoit dans son imagination, de tous les progrés de la France: & faisoit sur ce fondement les plus jolis reves du Monde. Alexandre & Théodat ont fait naitre un incident qui retarde l'objêt de ses Esperances: ces deux Calyphes ont des intentions tres pacifiques; Leur conduite la prouvé mille fois a la Cour de Vienne, ils choisissent la Russie pour arbi-

arbitre de leurs differents. Elle a deja fait les offres de sa Mediation a Cenobaldus: il n'a pas osé la refuser. Ainsi voila d'un seul coup de main douze mille Hommes escamotés a l'Angleterre, ou plutot a la Cour de *Vienne*. Je le sçais, mon cher Temirkan; ton Esprit n'est point la Dupe de ce qui se passe en Europe : & si j'avois une grace demander a la Cour de *Russie*, la protection d'Alexandre, & de Théodat, m'y seroint plus utiles, que celles de Cenobaldus, & d'Amelie; n'en doute pas, c'est toujours le Marquis de Botta, qui Empeche les troupes Russienes de se mettre en Marche: des apparences de Reconciliation ne decident de rien; & les deux Calyphes ennemis declarés d'Amelie, ne payeront jamais ce qu'ils doivent au Mandarin de Botta. Il n'est pas aisé de comprendre quel est l'empire du cœur dans l'ame meme des Calyphes & des visirs. Depuis trois ans, l'interest même ce maitre des Roys, & des sujets, lui paye en Russie, un Tribut bien funeste a ses alliés, & bien avantageux a ses ennemis! mais passons en Angleterre.

A ce propôs, je te prie mon cher Temirkan, de faire jetter un Monitoire dans l'Empire de la Chine, afin de sçavoir quelque nouvelle des flottes Angloises. On n'en entend point parler en Europe. Les Chevaliers de Piosin, & de la jonchere, ces deux Ruiters de la France, se promenent en liberté sur les mers d'Espagne. Une douzaine de vaisseaux delabrés leur pa-

 rois-

roissent suffisants pour affronter leurs Ennemis :

L'Angleterre n'est pas destinée dans ce siecle, a s'elever j'usqua l'Apogée de sôn ancienne gloire. Les principes les plus usés & les plus simples leur echapent dans la circonstance presente : s'ils connoissoint les forces maritimes de la France, & qu'ils voulussent les ruiner pour bien des années : qu'ya til a faire si non de les chercher par tout. La Marine Angloise, est inepuisable, au lieu que celle de la France ne se repare que tres difficillement. Il en est a peu près des flottes Francoises, comme des armées de Prusse ; & les vaisseaux Anglois, sont comme les insurgens de Hongrie ; ils renaissent pour ainsi de leurs pertes ; & ne s'epuisent jamais.

Ce que je ne pardonne point aux Anglois, cest de perdre fort souvent de vue, l'essentiel, pour courir après des Bagatelles. Leur conduite est presque toujours Episodique. Ce qui les occupe maintenant ce sont les Equipages du Duc de Cumberland, comme ils se sont nourris pendant plusieurs mois de la captivité du seigneur de Bel-Isle. Foibles objets qui ne fixerent jamais les yeux de la Raison. Le fils du Roy des Pictes, est il donc un nouvel Alexandre ? est ce un Pirrhus ? est ce le jeune Scipion ? son depart est il un presage assuré de la victoire ? cher Mandarin, ne te donne pas la peine de repondre ; je sçais parfaitement bien ce qu'il en faut croire.

La

La Hollande & ses alliés ont mis leur confiance dans un pretendu Xantippe. Si les mauvais succés donnoint toujours de l'habileté, ce seroit le plus grand Capitaine de l'Europe. Les Batailles de Guastalle, & de Czaslau, ont eté son Ecole : que n'auroit il pas apris au siege de Prague, si les hommes Mediocres pouvoint etre des Turennes, ou des Tillis ?

Les Allemans voyent encore les Francois se multiplier tous les jours, a l'ombre de leurs demeures Pacifiqùes. Ils recoivent sans cesse de nouveaux renforts pour sy maintenir & meme pour y faire des progres. Si ce spectacle est amusant pour l'*A*llemagne ; ils j'ouiront encore quelque temps du plaisir de la Comedie. Je crois cependant qu'ils souhaiteroint fort que l'on transportat le Theatre en *A*lsace ou en Lorraine : & que dans ce cas le spectacle les amuseroit bien mieux. Quoiqu'il en soit, je suis Chinois ; & tandisque la seule *A*llemagne est chargée des Roles Tragiques ; elle les joue de façon, qu'elle n'excite pas mes regrets. En effect par quel droit pretendent ils a des menagements ? quand il sagit de préeminence, & de sureté entre deux nations rivales, cest la force ou le courage qui peuvent en etre les arbitres legitimes. Protester, suplier, flatter, caresser, tout cela devient inutile, & ne retatde point le Denoument. Cest icy Rome & Carthage. Les privileges de celles cy, ne subsisterent qu'autant de Temps quelle opposoit la fermeté & le Courage a sa rivale implacable. Et d'ailleurs, est ce a la Dissension, est ce au defaut de Courage & de fermeté, que les nations doivent des egards & du respect? Sparte cette ville si peu considerable, en eut elle imposé a la puissance de Xerxes, si cette Republique n'avoit renfermé des heros dans son sein? non sans doute, les outrages que l'on fait a la Germanie ne sont pas desavoués par l'Equité. Celle cy ne s'avise point de prononcer sur les querelles des nations. Les Royaumes & les Empires sont livrés a l'ambition & a l'amour de la gloire: & suivant l'ordre etabli dans le Monde il faut ou servir ou regner. Il n'ya point de Milieu. Les privileges d'un Etat sont toujours chancellans, s'ils ne sont fondés que sur les promesses flatteuses d'un Ennemi qui veut vous mettre hors d'etat de lui resister. Cest la Bergere charmante que la Fontaine peint dans ses fables. Un Lyon en devient amoureux; elle en profite, elle le prive de ses griffes: & le voila sans defense: il est livré a la discretion de ses Ennemis. Tout cela convient a l'Allemagne & a la France: a la Hollande meme: ou plutôt, a qui cela ne doit il pas etre apliqué? La France est cette Bergere adorable qui seduit par ses attraits; l'*A*llemagne & la Hollande en sont depuis longtems le Jouet: Elle n'aspire qu'a les desarmer; & ce seroit le Denoument le plus gracieux pour elle: la moitié de l'ouvrage n'est il pas deja fait? Mais je t'ay promis une lettre d'un paysan de Suabe, aux Ministres de la Cour de Versailles: Elle est singuliere; la voicy.

Je

« Je ne ſuis qu'un ſimple particulier de Suabe;
« je prends cepandant la liberté de m'entre-
« tenir un moment avêc vos Excellences. Ne
« vous ſcandaliſés point de ma familiarité ; je
« commence par me proſterner devant vos Ex-
« cellences pour vous en faire mes excuſes;
« après cela je me crois en droit de pouvoir
« tout dire. Depuis quelques années vos Ar-
« mées voltigent dans ces Regions; pourroit
« on ſcavoir quel eſt le but quils ſe propoſent,
« & ce qu'ils cherchent. J'avoue que vous
« l'aves dit cent fois dans vos Ecrits, mais je
« ſuis d'un Païs ou l'on neſt pas muni d'une
« grande ſagacité. Vous battés la Campagne
« dans ces pieces fugitives, & je ne comprends
« rien a tout cela: pardonnés encore une fois,
« ſi je parle uu langage ſans fard, & ſans or-
« nement: c'eſt le Langage de mon païs; tout
« ce que nous diſons eſt naturel & ſans degui-
« gement ; imités nous pour un moment dans
« vos diſcours. Venés vous en Allemagne pour
« vous amuſer a nos depens? non ſans doute
« dirés vous, cela ne peut pas entrer dans une
« tête raiſonable? je vous en crois ſur vôtre
« Parole. Venes vous dans le deſſein de rava-
« ger nos Terres, & d'enlever nos biens?
« encore moins: tout le monde connoit votre
« moderation. Eſt ce pour donner main forte
« a la foibleſſe de vos alliés? Lamitié n'eſt
« point aſſês pure en France pour lui faire des
« ſacrifices ſi redoublés. L'Empire vous a t'il
« fait

« fait quelque outrage, & venés vous pour en
« tirer raison? nons n'avons rien de pareil a
« reprocher a l'Allemagne. Ce n'est point as-
« surément pour votre sureté que vous avés
« pris les armes; vos frontieres sont excellen-
« tes, & vous n'avés rien a craîndre: quant
« aux raisons que vous ne cessés d'etaler dans
« vos ecrits; elles sont toutes egalemens frivo-
« les. Vous voulés faire rendre Justice a vos
« alliés, & partager des biens qui ne vous ap-
« partiennent pas. Votre Tribunal est fort
« respectable, mais ce n'est qu'en France; &
« les arrêsts que vous y dictés expirent sur vos
« frontieres. Je promene de tous cotés mes
« regards; & le seul motif qui puisse excuser
« vos demarches, c'est l'envie d'affoiblir l'Em-
« pire en le divisant: & par là de presider
« ensuite dans nos deliberatious, & dominer
« sur nos suffrages. Apeine vos Excellences
« ont elles le Temps de Policer les Etats de
« leur Maitre, & de rendre ses sujets, heureux;
« & vous voulés encore etendre vos soins sur
« les Empires voisins? que diries vous d'un
« Allemand qui pourroit a peine gouverner sa
« famille, & qui cepandant voudroit diriger
« toutes les affaires de l'Europe? je n'ay point
« voyogé dans le Labyrinthe de la Politique:
« c'est la course la plus le inutile pour le gou-
« vernement des Etats. &c. . . . .

Adieu.

a ** ce 4. Avil, 1745.

NUMERO XIV.

LETTRE XIV.

OROSMANI A TEMIRKAN.

Il acheve de rapporter la Lettre aux Visirs de la Cour de Versailles; arrive a Munich, & sejourne quelques moments a St. Petersbourg; Il revient ensuite sur ses pas; rend visite aux deux armées du bas Rhin, & finit par le panegyrique de plusieurs Mandarins des Cours de Versailles, & de Londres.

Ce seroit faire un larcin a ta raison, que de te priver du reste de la Lettre aux Mandarins Francois: le voicy . . . . . les
„ grandes choses sont voisines des petites; vous
„ comptes par Millions, & je compte par Florins;
„ c'est le meme calcul; & quiconque est en etat
„ de bien gouverner une seule famille, gou-
„ verneroit un grand Empire. Dailleurs, ig-
„ norés vous, qu'ils n'ya rien de si dangereux,
„ que de toucher au gouvernenment des Etats;
„ les moindres changements en ce genre, en-
„ trainent quelque fois les suites les plus formi-
„ dables. La Religion & le gouvernement,

„ deux objêts que je compare aux Reliques de
„ l'Eglise Romaine : Il n'est pas permis d'y toucher. Ainsi la Possession est le meilleur titre du monde pour les Princes : & l'arrangement le plus sage que l'on puisse faire , c'est celui qui se trouve deja fait. Le gouvernement des peuples, ressemble a ces Marais tranquilles, dont la lethargie enchaine dans son sein les Tempêtes & les orages : Que le moindre vent agite ses flots; le ciel est bientot Couvert de nuages. Pour la consequence de tout ce que je viens de dire, c'est a vos Excellences, que j'en livre la recherche. Elle est naturelle, & vous ne la trouverés pourtant pas; vous en fairés du moins le semblant. Quoiqu'il en soit je vous demande encore une fois pardon de la liberté de mes discours : cepandant les Visirs ne sont faits que pour entendre la verité ; parceque dans les Palais des Roys, elle ne penetre jamais plus loin, qu'a l'antichambre du Prince : Et quand le Maitre fait un faux pas ; on frape sur le dos de ses Ministres pour le relever &c.

Cette Lettre est ecrite dans une simplicité qui me la rend precieuse; & ton Coeur, cher Temirkan, y trouvera ce que ton Esprit y chercheroit en vain. Cepandant, ne t'imagine pas qu'elle ayt rien changé dans le sistême de Versailles : tout y va son train ; & ce qui les occupe maintenant, c'est une declaration de guerre contre la Hollande : s'ils font cette Demerche,

ce

ce fera la premiere fois que le bon fens leur a plaudira depuis le commencement de cette guerre: Ils n'ont plus rien a menager avêc cette Republique, & la fageffe demande en cette circonftance qu'ils traitent en ennemis, ceux qui leur nuifent autant qu'ils font en etat de le faire: Si les careffes de la France paffent desormais jufqu'a la Haye, rien ne fera plus glorieux pour celle cy: ce fera tout le contraire pour l'autre: je lui promêts un trait ironique dans ce cas: Mais elle m'en Epargnera la peine; & je lui ferai; même redevable des louanges que je lui donnerai; tant mon cœur fe plairoit a pouvoir faire fon panegyrique dans tous les Temps!

A propos de declaration de guerre, il me prend fantaifie den faire une, & de me brouiller avêc prefque tout le Monde. Je veux même la faire dans les formes, afin que perfonne n'en ignore;

Depuis le commencement de ce fiecle, les vices les plus funeftes a la focieté, & a l'avantage des peuples, fe font Etablis jufques dans les Palais des Calyphes. La garde qui leur fert de cortege n'en a pas fçu defendre l'entrée: C'eft l'injuftice, c'eft la mauvaife foy, c'eft l'Avarice Mercenaire que trafique la gloire & l'avantage des peuples: C'eft le defaut de Talents & de Lumieres, qui remplit les poftes les plus Eminents; voila ceux que je declare mes ennemis; a Vienne, a Verfailles, a Londres, a Berlin, a Mofcou; dans quelque endroit qu'ils se trouvent; si je les y decouvre une fois, tel est mon plaisir & ma volonté, j'ordonne a mon Esprit de leur courir suz, & de ne leur jamais faire quartier. Et pour que l'execution de mes ordres soit plus parfaite, j'entends que le cœur nait jamais la moindre part a ce que s'ecris. Tant que la Plume sera dans mes mains je veux pour ainsi dire qu'il ayt les yeux bandés. L'Esprit & la Raison me dicteront tout ce que tu liras dans mes lettres: ce n'est pas que je pretende insulter toute la Terre, & n'avoir aucun Menagement pour les Maitres du Monde: J'employerai contre eux des armes qui conviennent a leur rang. A peu prês comme dans ces liqueurs orientales; une pointe d'amertume en fait tout l'agrément; ainsi la satyre que je veux mettre en usage, ne revoltera pas même ceux quelle attaquera. Cependant si quelqu'un trouvoit a dire de ce que je fais la guerre au defaut des Talents, qu'il scache, que ce n'est a la verité qu'un defaut dans les hommes vulgaires; mais qu'il se tourne en vice dans les generaux & les Visirs. Je ne leur pardonnerai jamais la Mediocrité du genie; Les vices du cœur sont sans doute plus detestables daus les postes Eminents; mais il n'ya point de grace meme pour la foiblesse d'Esprit, & le genie trop limité. Les postes sont dailleurs assês gracieux pour qu'ils nayent pas besoin de menagement; & si quelqu'un est en etat de suporter la Satyre, ce sont les grands: La flatterie

terie qui les environne sans cesse , leur donne une espece de force d'Esprit , & dissipe bientot les allarmes de l'amour propre.

La Cour de Munich est retombée dans des sollicitudes que je ne puis exprimer ; mais qu'elle devoit prevoir. Les Malheurs du Pere toucherent les cœurs les plus insensibles ; je prepare deja pour le fils ces regrets que merite la vertu Malheureuse. A Berlin, il ya bien de la Tranquillité , & la campagne de Silesie ne sera pas bien sanglante. On y rit du meilleur cœur du monde, depuis qu'on a fait faire halte aux troupes Russiennes ; cet evenement a repandu quelque nuance de Melancolie dans les Cours de Vienne & de Londres ; mais la serenité de celles de Berlin & de Versailles est depuis dans sa perfection. Au reste mon cher Temirkan ; il ya trois probités a St. Petersbourg, qui sont d'une integrité fort commode ; de la main droite, & par preference ils prenent les guinées, & de la main gauche ils prenent les Louis. C'est pour ne faire a personne l'affront de les refuser. Ne t'imagine pas cepandant que je vise icy les Mandarins de Bestuchef , de Voronzau, & de l'Estock ; Leur mains sont trop pures & jamais ils ne les prophanerent par un trafic si mercenaire.

Les armées du basRhin, jouent un role bien different. Les Francois ont le vent en poupe ; cela ne me surprend point ; les Zephirs du Printemps semblent etre la regle de leur fortune : ainsi les lauriers qu'ils recuillent ne sout presque jamais dans leur maturité. Ce sont toujours des fruits precoces. L'Automne ne leur est jamais si propice. Et leur valeur n'a pour ainsi dire que deux saisons; c'est l'hiver ou le Printemps. L'armée Alliée avoit les plus belles occasions, de se signaler; mais peut etre ne fait elle ces manœuvres, que pour rendre ses exploits bien plus memorables: je veux dire, qu'il n'ya rien qui fasse tant d'honneur aux grandes choses que les petites; & que les fautes sont comme l'ombre du Tableau; ces nuances en relevent le coloris: cependant voila deja bien de nuances; elles sont même un peu chargées; il faut maintenant des exploits bien eclatans, pour qu'il yait de la proportion dans le Tableau. C'est le Duc d'Aramberg & le Marechal de Maillebois, qui sont icy les deux peintres. Quand meme l'un des deux crocqueroit son ouvrage, sa gloire ny feroit aucune perte. C'est que l'un peut etre vaincu par l'autre & meriter encore des l'ouanges.

Si la Cour de Versailles n'avoit pas la Baviere a defendre, les Visirs François gouteroint des plaisirs bien delicats dans ces circonstances: ils voyent qu'insensiblement la Balance panche de leur coté: & que peu a peu leurs ennemis seront entierement enlevés. La seule Baviere les embarrasse; qui les delivreroit de cette Epine leur rendroit un grand service. Alors ils pourroint se livrer sans crainte aux transports de cette

joye

joye Triomphonte, qui nait de la victoire, & du progrés des armées.

Les Anglois jettent Maintenant les hauts cris: ils soutiennent que l'Equilibre de l'Europe est sur le point d'etre detruit: les Mandarins Francois ne repondent a leurs reproches que par un sourire Mocqueur; ils semblent dire aux Anglois; que craignés vous? L'Equilibre de l'Europe nescauroit souffrir la plus legere atteinte; n'avés vous pas le Mandarin de Belisle entre vos Mains? vous avés enchainé Cesar & sa fortune,

A propos d'Equilibre, tu n'ignores pas cher Temirkan, que c'est la Chimere de la Politique; ne crois pas cepandant, que cela soit particulier a celle cy; la Religion même â sa Chimere, qui est la vertu parfaite: & rendons icy Justice a l'Esprit geometrique des Anglois; il n'est point de peuple au monde, ou les chimeres ayent tant d'attraits, qu'en Angleterre. Avêc un courage infatigable, ils cherchent depuis un siecle l'Equilibre de l'Europe: il est inpossible de le trouver; ils n'en desesperent pas. Les deux Augustes Maisons d'Autriche & de Bourbon, sont dans la Balance; ils font passer d'une maison a l'autre les provinces & les Royaumes. Il ya quinze ans qu'ils s'apercurent que la Maison de France, estoit plus foible que l'autre? (decouverte fort judicieuse) ils la gratifierent du Royaume de Naples. Mais ils reconnoissent aujourdhui, que cest un poids de Marc, qui fait

fait trop pancher la Balance de ſon coté ; ils cherchent le Moyen de remettre les choſes dans une juſte egalité. Ceſt toujours apres l'impoſſible qu'ils courent avéc le plus d'ardeur.

Il y deux ans que leur Calyphe dit un mot bien remarquable, il merite de trouver icy ſa place : apres avoir chaſſé les Francois de l'Allemagne, le Miniſtre de la Cour de Vienne, lui donnoit les louanges les plus flatteuſes. Nous avons repondit il, obligé les Troupes etrangeres, d'evacuer l'Empire ; le Printemps Prochain nous ferons le Reſte. Cette derniere penſée renferme bien de choſes, mon cher Mandarin. En voicy le ſens le plus naturel. Nous meditons la conqueſte de l'Alſace & de la Lorraine, & nous laiſſerons prendre les Barrieres des Pais bas. Fribourg nous ſera enlevé, & ſes fortifications ſeront detruites ; vous ſerés obligés de voler au ſecours de la Boheme ; & mes Legious ſe repoſeront ſur les rivages de l'Eſcaut. Tu peux encore ajouter a cela mille traits dont je ne puis faire mention.

Adieu.

a *** ce 10. Avril 1745.

NUMERO XV.

LETTRE XV.

OROSMANI
A
TEMIRKAN.

Il trouve a dire a la Conduite de certaines personnes; il rend apres cela, visite a deux ou trois Calyphes, & promene ses regards sur leurs Etats, pour sçavoir si tout s'y trouve dans l'ordre, & si personne n'y fait point la contrebande en fait de mœurs & de bonsens. Il fait un parallelle des François, & des Allemans; & finit par les portraits des Mandarins qui composent le Tribunal des Ritz a la Chine.

Non, cher Mandarin, je ne puis me resoudre a faire grace aux ennemis de la Raison & de la justice; en vain pretendent ils etre a l'abri de la satyre; ses traits iront les chercher jusques sous les yeux de leurs Calyphes: & la verité qu'ils se flattoint avoir bannie pour toujours, viendra s'offrir a leurs regards, avec cette noble assurance qui lui sied si bien. La plus part des Mandarins de l'Europe sont brouillés avêc elle depuis bien long temps; ainsi la nouvelle qne je leur annonce, ne coulera point

 agré-

agréablement dans leurs oreiles : n'importe, je suis payé pour vanger les outrages que les grands font a la Raison, je m'acquiterai de mon devoir ; il nya qu'un seul moyen de faire tomber la Plume de mes Mains, c'est d'Eblouir mes yeux par l'Eclat de l'or : est il done personne au Monde, qui puisse resister a ce metail enchanteur ? dailleurs, n'est ce pas ce seul Aymant qui fait, pour ainsi dire, tourner la Boussole des Mandarins & des visirs ? il ya toujours une espece de plaisir a suivre la route qui nous est frayée par les Mandarins : les Mœurs, la Droiture, l'attachement a sa patrie, la Moderation, l'Equité ; c'est une compagnie qu'il n'ést plus glorieux de frequenter ; elle n'est plus a la Mode. La Russie meme, ce dernier asyle de la Bonne foy, vient d'etre forcée ; ainsi la droiture & le Desinteressement, n'ont pu se defendre contre la seduction qui les poursuit. Il faut avouer que l'Angleterre ne leur a point porté les premiers coups ; cepandant elle en est la premiere victime. Je veux dire que la Cour de Londres est celle dont la droiture & l'integrité peuvent moins se plaindre ; & que leur exil leur est plus funeste qu'a toute autre.

L'Electorat d'Hannovre est menacé plus que jamais, d'une invasion prochaine. Mais, diras tu, pourquoi l'Angleterre n'a telle pas prevu cet incident ? garde toy bien d'attaquer sa conduite dans cette circonstance : ils avoint pris les mesures les plus sages pour ecarter la Tem-

pête

pête ; mais le vent a changé tout a coup, & les Ecueils les plus dangereux, se sont trouvés dans l'endroit meme qu'ils regardoint comme le port le plus assuré. L'un des plus grands Calyphes de l'Europe, leur avoit promis douze mille hommes; il en fournit cent contre eux ; c'est un revers asses considerable. Tu voudrois bien sçavoir comment l'Angleterre s'est vangée de cette disgrace: d'une facon tres nouvelle. C'est un peuple assés singulier ; il pretend que ses Visirs doivent etre caution pour la bonne foy des Mandarins les plus eloignés ; & l'un de leurs plus Zelés Visirs est devenu la victime de leur parressentiment. J'avoue cepandant que je ne pardonne point a celuy cy davoir mis sa confiance dans un Traité, que l'interest pouvoit rompre. Le seul Lien capable de réunir les nations, c'est l'interest ; & jamais il ne fut permis a la Raison de conter sur des engagements, ou les proportions estoint si mal gardées. Tout l'avantage se trouvoit d'un seul coté.

Ce n'est pas encore tout ; ils avoint eté bien plus loin chercher des assurances ; mais ils sont par tout egalement bien traités. Au lieu d'un puissant secours, on leur offre une Mediation Sterile; & pour les engager a s'en contenter, on leur fait entendre quils livreront leurs interests a leurs amis les plus fideles : mais toutes ces protestations n'empechent pas l'armée Françoise du bas Rhin de faire tous les jours de nouveaux progrés. Cepandant sil ya de la faute a

P 2 tout

tout cela ; n'en accuse que l'Angleterre : ces amateurs de l'Equilibre dans le partage des Royaumes & des Empires, le perdent entierement de vue dans leurs traités ; & cest uniquement dans ceux cy que la Raison permet d'en faire usage. L'Angleterre auroit souvent besoin de Douze mille hommes ; au lieu qu'il est bien difficille, que la Russie se voye forcée a reclamer douze vaisseaux. La Balance panche icy totalement du coté de l'Angleterre.

Mais laissons l'Angleterre, & rendons visite aux trois cours les plus celebres de l'Europe. Je ne choisis point, c'est mon imagination qui me guide, & je me vois transporté dans la Cour de Sesostris. Ce Calyphe, est grand, noble genereux, magnanime ; tout ce qu'il fait, se ressent de l'Elevation de son genie : mais quel est cet homme aux yeux louches, a la Phisionomie pâle & livide, que je vois marcher a ses cotés ? Il partage la confiance de son maitre ; il l'auroit meme toute entiere, si le Calyphe ne le connoissoit pas parfaitement. D'ailleurs ses qualités sont singulieres : Son Esprit est sans cesse flottant entre le bien & le Mal : il voltige des sentiers de vice dans ceux de la vertu ; ce ne sont point des maximes, mais seulement des opinions qui reglent sa conduite : & il n'a point de Pivot, sur lequel puisse tourner le cercle de sa vie ; jouet eternel de ses caprices, il embrasse quelque fois le bien, mais il l'Embrasse si mal, qu'il s'echape bientot de ses mains ; j'en dirai

dirai bien davantage; c'est que dans ce nombreux cortege dont Sesostris est environné je ne vois presque rien, qui merite les louanges veritables de la vertu. Mais passons a la Cour de Calypso.

Le hazard & l'Ambition l'ont ramenée sur le trone de ses peres. Elle veut imiter la grandeur dame de celle qui la precedoit: elle croit meme parvenir a la faire oublier: Cepandant la Renommée de celle cy rend de grands services a celle de l'autre: Il faut pourtant avouer qu'elle s'entend aussi bien, que personne, a tramer une intrigue galante: & que son gout pour la volupté, nescauroit etre plus constant & plus durable. En faveur de cette demiere qualité nous glisserons sur tout le reste. Il n'en sera pas de meme pour ces trois Mandarins dont les artifices assiegent sans cesse sa confiance: Ils sont egalement distingués par des Talents qui leur sont propres. Eraste est dun courage si decidé, qu'il est prêt a tout sacrifier a son interêst particulier: Il vendroit tout l'Empire de Calyphso pour une somme Mediocre: il nya quun seul maitre dans son cœur; c'est le desir d'avoir & de nuire; sans ce petit defaut ce seroit un fort galant homme, Ses deux confreres sont a peu prês de la meme Trempe; excepté qu' Esculape est plus rampant; & Timon plus seducteur; mais ecartons nous de ce sejour odieux aux regards de la vertu. Le vice y regne avêc d'autant plus de faste & d'orgueil, que son Empire est nouveau.

La Cour de Theodoric nous donnera peut etre un ſpectacle plus enchanteur. Sa Phiſionomie, & ſes manieres ſont aſſes engageantes : & quoique ſon genie ne ſoit pas bien brillant, on pardonneroit a ſon Eſprit, en faveur de ſon cœur; Mais ces quatre ſatellites qui l'environnent ſans ceſſe, cauſent bien des Eclypſes a l'Eclat de ſes vertus! il n'en eſt pas un ſeul qui connoiſſe parfaitement les intereſts de ſon Calyphe. Ils forment les projets les plus vaſtes, & leur vivacité naturelle ne donne pas le temps a la Raiſon de leur en faire voir les obſtacles invincibles. Il ſemble que c'eſt la ſeule imagination qui les inſpire; & nous pouvons aſſurer, qu'elle ne travaille point pour des ingrats; Recordat lui fait plus de ſacrifices, que mille autres enſemble.

L'armée Alliée du bas Rhin jette la Raiſon dans une ſurpriſe dont elle ne revient pas; il faut pourtant avouer que ſa conduite n'eſt pas ſans defenſe; en attirant les François dans la Veteravie, on les met hors de portée de ſecourir la Baviere. Ainſi, que les Autrichiens penetrent en Suabe avec des forces ſuperieures; c'eſt autant qu'il en faut pour procurer aux yeux Allemans, le ſpectacle le plus enchanteur. Ils auront le plaiſir de ſouhaiter un bon voyage a des amis fideles qui leut rendent de ſi frequentes viſites.

L'Allemagne eſt aujourdhui dans une ſituation qu'il n'eſt pas aiſé de definir; elle a ſes ennemis dans ſon ſein; & quelque fois elle ſe voit forcée a leur prodiguer ses caresses. La plus part de ses calyphes, ressemblent a ces pilotes dont le vaisseau est battu par la Tempête ; dans ces circonstances, le Boussole est souvent inutile ; & quelque parti que l'on prenne on a toujours bien de perils a essuyer ; il s'en trouve qui se livrent au caprice des vents ; & c'est une espece de folie que la Raison avoue quelque fois. Jetter l'Ancre au milieu de l'orage, c'est a dire embrasser la neutralité, c'est s'exposer a voir briser les Mats, les voiles, & les cordages.

Au reste, si la jalousie divise sans cesse les Allemans & les Francois, qu'yatil de surprenant a cela ? leur Caractere & leurs interêts sont si differents. Ces transports de courage & de valeur qui signalent les Francois, sont inconnus aux premiers. Leur valeur est plus ferme & plus durable ; mais Phlegmatique & Misantrope ; ils s'amusent a raisonner, tandisqu'il faudroit agir. Ce quil ya de flatteur pour eux, c'est que la nature leur a donné la Raison pour appanage, tandis qu'elle n'a reservé pour les Francois que l'Esprit & la delicatesse ; faveurs moins precieuses aux yeux du bon sens, le quel est le veritable apreciateur des choses. Ainsi l'Esprit Allemand est plus juste, & même plus etendu, mais l'Esprit Francois est plus agréable & plus delicat. Je voudrois partager les instans de ma vie, entre ces deux nations ; raisonner avec les Allemans, & faire des folies, ou me divertir avec les Francois. Du Reste, les interets

ets de ces deux Empires sont si fort opposés, qu'il est surprenant de voir la France y trouver des alliés, & s'y faire de puissans partis.

Il ne me reste maintenant qu'a faire passer devant tes yeux, les Tableaux, dont je t'ay parlé: le Tribunal des Ritz est a la Chine, comme l'assemblée des Etats: je vais depeindre le caractere de ses principaux Membres.

Damis qui preside a ce Tribunal, est dans l'age du Bon sens; mais ce fruit qui ne fut jamais precoce dans son illustre Maison, est encore plus tardif en sa faveur. L'on peut predire avec confiance, que Damis ne verra jamais la Raison en son Midi; trop heureux s'il en apercoit le plus foible crepuscule; entété de son origine, il en vange les outrages dans son imagination; & pour se dedomager de ce qu'on lui ravit, il prend deux fois plus qu'il ne merite.

Jsocrate s'est si bien persuadé que le genie est son partage, que le soupcon contraire est ecarté pour toujours; il ne s'avisa jamais den douter; mais par malheur, ses opinions ne sont jamais d'accord avec celles du Public. Il a cepandant le meilleur cœur du monde; jusques la, que par complaisance, & par bonté d'ame, il a des liaison secretes avec les ennemis de son maitre & de sa patrie: ajoutés a cela, un appetit toujours ouvert quand il s'agit de lire des ouvrages insipides; & le degout le plus marqué pour les livres ingenieux: voila le portrait d'Jsocrate.

Adjeu.

a *** ce 17. Avril. 1745.

NUMERO XVI.

LETTRE XVI.

OROSMANI

A

TEMIRKAN.

Il acheve les Portraits des Mandarins qui Composent le Tribunal des Ritz, lequel n'est icy qu'un nom emprunté: il raconte ensuite un Evenenement qui fera grimacer les Mandarins François, rendra Melancolique un calyphe du Nord, & fera froncer les Sourcils a l'Agripine du Tage, enfin il develope les suites de cet incident, dont Albion ne sera pas le dernier a se rejouir.

Suivant l'ordre de mes promesses les Portraits devroint faire l'Avant garde dans cette lettre; mais il ya des moments, ou mon esprit se plait au desordre, & ne reconnoit d'autre guide que l'jmagination. C'est la Baviere qui doit nous occuper dabord; toute l'Europe retentit aujourdhui de l'Evenement qui vient desy passer. La mort du Pere fit le Desespoir des hommes vertueux, & la conduite du fils, est le Triomphe de la Raison. Jamais surprise ne fut plus agréable a la vertu.

Q Hate

Hate toy cher Temirkan, vole auprés de Choanty ce pere de la sagesse, ce protecteur de l'Equité: raconte lui comment les vertus les plus eclatantes sembloint exilées depuis quatre ans de la Maison de Baviere: elles y rentrent enfin; & la gloire de ces Caiyphes, laquelle paroissoit ternie, reprend son ancien lustre; L'Equité rentre dans tous ses droits; & ces intrigues odieuses dont, l'artifice & la dissimulation avoint si bien ourdi la Trame, l'Enfance même d'un prince, en asçu briser les noeuds.

Assemble ensuite tous les sages de l'Empire Chinois; les Triomphes de l'Equité, font pour eux le spectacle le plus enchanteur; cette grave immobilité qui les rend si respectables, nescauroit tenir dans cette occasion; elle fera place aux Transports de leur joye. Tu les verras aplaudir avec une espece de faste & d'orgueil a la conduite du Calyphe de Baviere; & la Chine meme d'ailleurs si pacifique retentira des Louanges qu'il merite. Pourra t'on se l'imaginer en Europe? Depuis quatre ans la Cour de Peckin partage les chagrins, & la joye de la cour de Vienne. Elles sont pour ainsi dire a l'unisson; & les mouvements de celle cy, ne manquent jamais d'agiter le Sejour de la sagesse & de la vertu. Ce qu'il ya de plus admirable, c'est que le Calyphe de Baviere se reconcilie avec la Cour de Vienne, sans que la bonne foy puisse y trouver a dire: j'avoue cepandant quo'n aplaudiroit

a ceta cette reconciliation, quand meme elle ſe feroit au depens de la bonne foy. Dans ce cas les Francois l'appeleroient perfidie, injuſtice; mais toute l'Europe, lui donneroit les Louanges les plus flatteuſes. Tu n'ignores pas que la France a mis a le Mode ces petits tours que les nations ſe jouent depuis quelques années: c'eſt un plaiſir delicat pour la Raiſon, qu'on leur ſerve quelques fois de ces mets artificieux, dont ils ſe plaiſent a regaler leurs meilleurs amis. Depuis quelque temps, cher Mandarin, il ſe trouve une eſpece de contrarieté entre l'humeur francoiſe, & celle de toutes les autres nations de l'Europe. Quand ils rient tout le monde eſt melancolique: & quand leur phiſionomie eſt couverte de nuages, la ſerenité brille ſur tous les autres viſages; c'eſt un Phenomene que ta penetration devinera ſans le ſecours de nos Philoſophes.

Mais a propos de cette paix de la Baviere, voila bien de petits derangements, qu'elle cauſe. En verité, je neſcais point comment on a le courage de ſe departir d'un s'yſteme qui fait la gloire de l'jmagination Francoiſe? il eſt ſi juſte, ſi raiſonable, ſi judicieux! enfin pour tout dire en un mot; n'eſt il pas Eclos de ce cerveau celebre, qui promene ſes reveries dans les allées de Vindſor? falloit il ajouter cet outrage aux amertumes de ſa captivité? je vois bien que dans ce ſiecle on ne ſe pique pas d'etre charitable.

Pour developer tout ce qui suit de cet incident, il suffit de jettter les yeux sur trois ou quatre cours de l'Europe, & sur le choix de cesar. Commencons par la cour de Theodoric. La Reconciliation de la Baviere, avec la Reine, y jette un vernis qui divertit les Regards de toute l'Europe. Imagine toy, cher Temirkan, voir un peule entier revenir comme d'un songe. Ils ont joué pendant quatre ans, & sans y penser, la Comedie des Visionaires. C'est une piece Francoise, de la façon de Desmaretz : elle est remplie de jolies choses, Aussi les visirs de Theodoric en sont adorateurs ; il n'est pas de jour qu'ils ne la representent. Depuis le Toit jusqu'au rezde chaussée, tout est rempli d'acteurs de cette Espece. Theodoric lui meme y joue son rôle ; mais c'est le Role du bonsens ; & son jeu fait un tort considerable aux autres acteurs ; rien en effect ne fait plus eclater le Ridicule, que la Raison a coté de la Folie. les Allemans s'etoient bien aperçus que l'on jouoit la comedie des visionaires a la cour de Theodoric, mais ses sujets ny faisoint pas attention ; il ne falloit rien moins que la paix de la Baviere pour leur dessiller les yeux. Ils comprenent maintenant, qu'il ny auroit point de la folie a reparer les lignes de Germezheim, & de Vissembourg ; & que le Retour de l'armée Françoise du bas Rhin en Alsace n'est pas eloigné. Il faut avouer que les mauvais succes rendent de grands services au au bon sens: je voudrois estre chargé d'ànnoncer cette paix à trois peuples de l'Europe. Voici la semonce, que je leur adresserois.

Peuple soumis, nation plus celebre por vos desseins que par vos exploits, voulés vous encore poursuivre les pretentions de la maison les Baviere? & la forcer à les faire valoir? aprenés qu'elle vient de sen departir, & qu'elle a fait en votre absence, un traité qui la réunit avéc la cour de Vienne. A cette nouvelle, un nuage epais s'empare de vos Phisionomies; vôus ne repondés que par le silence. Mais aprés un tel evenement, un sejour de vint quatre heures en Allemagne est encore trop long. Vous attendés peut étre que l'on vous restitue les MIllions que vous avés semés dans son sein. il n'est nen de plus juste; vos visirs en font un si bon usage, qu'il y auroit de la conscience a les retenir. En verité je vous plains, de ce qu'ils ne pourront plus prendre leurs ebats; faire valoir le pretentions de toute la terre, & donner des provinces & des royaumes. C'est bien dommage!

Je n'en dirai gueres moins aux sujets d'Albion. Votre electorat d'Hanovre ést enfin a l'abri de la tempéte qui le menaçoit; & l'armée Autrichienne qui s'avance dans la Suabe, va calmer bientot vos justes allarmes; mais vous avés prodigué vos tresos, quand le mandarin de Belisle à fait son apparition en Augleterre. Vous en

 fites

fites encore plus pour celebrer la prise chimerique de Cartbagene. Que ferés vous aujourdhui pour celebrer la paix de la Baviére ? je suppose qu'il ya de la justesse dans tout ce que vous faites. Vous proportionés votre joye à vos succês, & ches vous le grand ne va jamais avec le petit: aussi je ne deserpere pas des voir sauter toute la ville deLondres pour temoigner votre joye en cette circonstance; disons mieux, afin qu'il yait un juste raport, il faut miner toutes les villes d'Angleterre, & le culbuter entierement: on ne sera pas surpris de cette manœuvre; depuis long temps c'est par le ravage que vous faites eclater votre joye.

Je tiendrois a Sesostris un langage bien different. Quand vous etes assis sur votre trone, lui dirois je, une noble majesté brille sur votre front; les eclairs qui partent de vos regards font naitre la frayeur & la confiance dans tous les cœurs; jamais Assuerus ne fit plus d'honneur a la Royauté; mais le calyphe de Baviere jouira d'une gloire qui ne convient qua lui; je veux dire que l'artifice ne l'entraina' jamais dans le labyrinthe de l'injustice. Son pere en sortaut de la scene qu'il jouoit, le laissa pour aussi dire a l'entrée de ce labyrinthe; les circonstances l'avoient forcé meme a faire le premier pas en avant; mais il n'a suivi cette route qu' autant de temps qu'il en falloit pour atraper le fil qui devoit guider ses pas, & l'en faire soritr.

Il faut encore que je faſſe mon compliment a Minerve. Perſonne n'en retire de ſi grands avantages: mais je ſuis bien aſſuré que ſa joye y ſera plus proportionée, que les transports qu'elle accorda au Traité de Breslau. Les illuminations qui furent conſacrées a cet evenement, firent grimacer la Raiſon; la vertu, je l'avoue, ne pouvoit les deſavouer; mais le Bon ſens demandoit qu'on les reſervat pour cette circonſtance; Les excuſes pour le Marquis de Botta, devenues inutiles; & les fêtes qui celebrerent a Vienne le Traité de Breslau; voila, les Deux ſeules Demarches que la Raiſon puiſſe reprocher a Minerve depuis le commemement de ſon Regne; mais depuis cette Epoque la vertu n'a jamais baiſſé les yeux dans cette cour.

Revenons maintenant a nos Maudarins. Hypolyte eſt beau, d'une Phiſionomie heureuſe; il le ſcait même, mieux que perſonne. Ses manieres ſont nobles mais affectées: au milieu des Cercles les plus familiers, l'on diroit qu'il joue un Role Tragique. Pour annoncer qu'il fait beau Tems. Il prend le ton, qui convient au plus beau vers de Corneille. D'ailleurs il a bien de la Religion; il n'eſt pas de jour qu'il n'aille etaler ſes graces dans le Temple du Dieu du ciel. C'eſt lâ qu'il lui preſente les ſupliques les plus ſingulieres; il lit ſans ceſſe dans un grand Livre; mais ce ſont des Diſcours vagues, qui ne ſortirent jamais du cœur, & qui ne peuvent entrer

dans

dans le sien : tandis que sa bouche les prononce, son cœur parle encore plus haut ; il suplie le Dieu du Ciel, de conserver les Roses de son Teint ; & d'ecarter tout ce qui pourroit deranger sa parure ; il lui demande les plus beaux Educks qu'il yait a la Chine ; une Table bien servie ; que sa Mandarine fasse des Reverences avêc grace, & quelle attrape enfin le ton de la bonne compagnie.

Thesée pere d'hypolite, est tout le contraire. Dans tout ce qu'il fait, & dans tout ce qu'il dit, il ya des traits rudes, qui se ressentent du genie Tartare, dont il tire son origine ; le vernis dont il enjolive ses discours, ses Manieres, & ses actions, nest pas un vernis de la chine ; Les couleurs en sont agrestes & sauvages.

Clitandre est doux, insinuant ; il scait la route des cœurs ; & va surement au terme qu'il se propose. Discrêt, sincere ; ou du moins persuade til quil est sans dissimulation ; & dans le poste qu'il occupe, les apparences valent quelque fois mieux que la Réalité. Son Esprit est aussi propre aux affaires, qu'aux douceurs de la societé ; & son cœur ne connoit que l'interêst de son Maitre.

Adieu

a *** 28. Avril 1745.

Fin du premier Tome.

CLEF
DU PREMIER TOME,
Suivant l'ordre Alphabetique.

A.

AGripine, c'eſt la Reine d'Eſpagne N. 11. p. 85.

Allemans : parallele des Allemans avêc les François N. 17. p. 119.

Allobroges, ce ſont les Savoyards N. 11. p. 86.

Alexandre, c'eſt le Roy de Pruſſe N. 12. p. 98.

Amelie, c'eſt la Reine de Hongrie N. 13. p. 86.

Andromaque, c'eſt l'imperatrice Epouſe de Charles Sept, & mere de l'Electeur de Baviere N. 4. p. 29.

Angleterre : caractere des Anglois N. 13. p. 100.

Antre ſuperbe, c'eſt le chateau de verſailles N. 9. p. 72.

Aramberg, Duc de ; ſon portrait N. 11. p. 84.

Argenſon, Mandarin de, Miniſtre de la guerre a la cour de verſailles ; ſon portrait N. 6. p. 45.

Autriche, Maiſon de, parallele de cette Maiſon, avêc celle de France N. 8. p. 62.

B.

Badinage curieux N. 3. p. 19.
Badinage a propos N. p.
Baron, Comedien Francois, L'un des plus grands acteurs de la ſcène francoiſe N. 2. p. 10.
Baviere, Electeur de, ſon caractere N. 3. p. 24.
Beſtuchef, Comte de, ſon caractere N. 14. p. 109.
Blondel, Monſieur de, ſon caractere. N. 7. p. 36.
Belisle, Marechal de, hiſtoire & raiſons de ſa captivité N. 2. p. 10. Commemoration honorable de cette Excellence; N. 16. p. 123. Parallele de ce Miniſtre avêc ſon confrere le Comte de Schmettau: N. 2. p. 17.
Belisle, Madame de; ſon caractere; parallele de cette Mandarine avêc ſon Epoux N. 7. p. 34.
Bernklau, General Autrichien N. 7. p. 70.
Bonze; c'eſt un pretre en chinois.
Bonze de Tencin: ſon caractere N. 6. p. 43.
Baſtille, Maiſon de Force; Mr. de Belisle y fit ſa Reſidence pendant quelque temps, ſous le Miniſtere du Duc de Bourbon N. 7. p. 34.

C. Ca-

C.

Calyphe; c'eſt adire prince ou Souverain.
Grand Calyphe, c'eſt l'Empereur en allemagne, & presque toujours c'eſt icy Charles Septieme
Calypſo, c'eſt l'imperatrice de Ruſſie N. 15. p. 117.
Caracteres comiques. voyez Portrait.
Carteret, Milord, raiſons de ſa disgrace N. 19. p. 115.
Cenobaldus Roy des Pietes; c'eſt le Roy de la Grande Bretagne N. 13. p. 98.
Chavigni, Monſieur de; N. 7. p. 71.
Chimere; Devotion que les Anglois ont pour elle N. 14. p. 111.
Ceſar, c'eſt l'Empereur d'Allemagne Charles Septieme, ſon portrait N. 3. p. 21.
Cheſterfeldt, Milord; ſon Caractere N. 7. p. 54.
Charles, Prince; ſon Portrait N. 2. p. 16.
Choanty; c'eſt l'Empereur de la Chine N. 16. p. 122.
Claudius, c'eſt Phillppe cinquieme Roy d'Eſpagne N. 11. p. 85.
Clitandre: c'eſt le Baron de Menshengen, Ambaſſadeur a la Diete de la part de l'Electeur Palatin N. 16. p. 128.
Cochinchine, calyphe de; c'eſt ſon Alteſſe Electorale, Palatine N. 6. p. 48.

Confucius, le plus celebre Philoſophe de la Chine; on y rend a ſa memoire les honneurs les plus diſtingués, N. 3. p. 9.
Conjectures, bien fondées N. 2. p. 14.
Conty, prince de, General de l'Armée Françoiſe du bas Rhin : ſon portrait N. 10. p. 80.
Contrebandiers en fait de bon ſens N. p.
Court, chevalier de : ſon portrait N. 5. p. 35.
Cumberland, Duc de; ſon caractere N. 13. p. 100.

D.

Damis, c'eſt le Prince de la Tour N. 15. p. 120.
Dauphin de France, ſon caractere N. 9. p. 68.
Deſintereſſement banni de toute l'Europe N. 15. p. 114.
Declaration de guerre N. 14. p. 107.
Denoument gracieux pour l'Allemagne N. 3. p. 18.
Denoument gracieux pour la cour de Vienne N. 16. p. 122.
Diſcorde Triomphante en Allemagne N. 10. p. 78.
Diſcours pathetique N. 8. p. 59.

E.

Edouard Roy d'Angleterre N. 11. p. 86.

Eraſte,

Eraste, c'est le Comte de Bestuchef. N. 15.
Esculape; c'est Mr. de l'Estock, conseiller privé de l'Imperatrice de Russie N. 14. p. 109.
Exagération permise, agreable meme N. . . .
Eugene, Prince N. 10. p. 77.
l'Estock, Mandarin de N. 12. p. 95.
Equilibre de l'Europe, impossible N. 14. p. 111.
Enygmes N. 11. p. 85.
Electeur d'Esperance, c'est le Prince Guillaume N. 6. p. 47.
Espagne, Reine de, son caractere N. 12. p. 9.

F.

Final, Marquisat de; Ancedote curieuse N. 8. p. 61.

G.

Germanicus, c'est le feu Empereur Charles Sept. N. 11. p. 86.
Germanicus, Fils de; N. 11. p. 86.

H.

Hollande, son caractere. N. 11. p. 88.
Hippolite, c'est le Baron de Kark le Jeune. N. 16. p. 127.
Homme a la phisionomie Brune, c'est le Roy de Prusse N. 3. p. 19.

I.

Ironie, N. 4. p. 26.
Jronie ſenſible N. 6. p. 44.
Jronie Mordante N. 6. p. 44.
Jronie Curieuſe N. 9. p. 70.
Jſocrate, c'eſt le Baron de. . N. 15. p. 120.

L.

Lettre Je l'Imperatrice a la Reine de Hongrie N. 4. p. 29.
Lettre de l' Electeur de Baviere a le Reine de Hongrie N. 4. p. 29.
Lettre du Grand Duc a l'Electeur de Baviere N. 7. p. 55.
Lettre de la Comteſſe de Bruhl, a ſon Epoux N. 8. p. 62.
Lettre d'un païſan de Suabe aux Miniſtres de la Cour de Verſailles N. 13. p. 102.
Lettre du Roy d'Angleterre N. 10. p. 76.

M.

Mandarin, c'eſt en Chinois, un grand Seigneur
Metamorphoſe Lente N. 12. p. 89.
Metamorphoſe ſubite N. 11. p. 88.
Maillebois, Marechal de, ſon portrait N. 11. p. 83.

Mot

Mot de la Reine de Hongrie N. 4. p. 30.
Mot du Roy d'Angleterre N. 14. p. 12.
Mot des Etats generaux . . . . . .
Monitoire N. 13. p. 99.
Mithridate, c'est le R. de F. p. 71.

P.

Parallele de la Maison d'Autriche, avéc celle de France N. 8. p. 62.
Parallele des Allemans avêc les Francois N. 15. p. 119.
Parallele des Anglois avêc les François N. 11. p. 87.
Parallele des Ministres de la Cour de Versailles, avec ceux de la Cour de Londres N. 12. p. 91.
Parallele du Marechal de Belisle & du Comte de Schmettau N. 2. p. 15.
Parallele de la Hollande, avêc une Chinoise de quinze ans N. 12. g. 88.
Parallele des Ministres Francois, avêc une Pu. N. X. p. 74.
Pirrhus, c'est le Roy de Prusse N. 9. p. 72.
Pharnabaze, c'est le Roy de Pologne N. 9. p. 71.
Phormion, c'est le Roy de Sardaigne N. 11. p. 86.
Phalanges, cela veut dire bataillons. N. 11. p. 86.
Portrait; Grotesque p. 10.
Portrait en Mignature p. 34. p. 120.
Portrait flaté p. 26.

Portrait

Portrait de main de Maitre; p. 30. p. 44.
Portrait achevé p. 38. p. 42. p. 24. p. 82. 83 & 84.
Portrait ebauché p. 80. p. 54.
Portrait energique p. 78.
Portrait Manqué p. 45.

R.

Recordat, c'eſt le Marechal de Belisle N. . . .

S.

Seſoſtris, c'eſt le Roy de Pruſſe p. 116.

T.

Theodat, c'eſt le Roy de France p. 80.
Theodoric, c'eſt le Roy de France p. 124.
Theſée, c'eſt le Baron de Kark pere p. 128.
Tibere, c'eſt le Grand Duc N. 11. p. 86.
Timon; c'eſt le Comte de Voronzeau g. 117.
Traits Satyriques p. 78. p. 93. p. 120. p. 54.
Traits d'Hiſtoire aſſès curieux; p. 47. p. 76. p. 69. p. 71.

U.

Un petit homme a la Phiſionomie Brune, c'eſt le R. de P. p. 19.
Un certain petit homme, c'eſt le R. de P. p. 61.

X.

Xantippe, c'eſt le Comte de Koenicſeck, General en Chef de l'Armée alliér des païs bas p. 101.
Xerxes, Roy de Perſe p. 102.

LE
MANDARIN
CHINOIS
EN EUROPE

Ridiculum, acri ſecat melius Res.
HORAT.

TOME SECOND.

A
PECKIN.

Chez ochaloulou libraire de Choanty
Empereur de la Chine, dans la Rue des
Mandarins a l'Enſeigne du Bon ſens.
1745.

A ſa Majeſte Imperiale le Bonſens

Syre

Ie Donne a votre Majeſté, les titres des Empereurs, parceque vous etes fait pour regner ſur les Roys eux mêmes ; & lesfrontieres de votre Empire, ceſont celles de toute la Terre ; mais vous nignorés point qu'il ya bien de rebelles dans vos Etats ; presque tous les hommes ont ſecoué le joug que vous leur imposés au ſortir de l'enfance ; ſur tout en Europe. Rienn'eſt plus ſurprenant que de voir les Calyphes aſſembler les ſages de leurs Etats, pour les

moin-

Moïndres choſes, & prendre presque toujours le parti de la folie. Quoique cet Exemple ſoit bien ſeduiſant, je veux bien vous conſacrer mes diſcours & mes ecrits. Pour ma cenduite, c'eſt une autre affaire: il ya trop de plaiſir dans certains moments de faire certaines petites folies, mais cela n'appartient qu'a nous qui repreſentons la comedie; les Princes & leurs Viſirs jouent les Roles Tragiques: il ne leur eſt pas permis de s'affranchir de vos loix, & de faire rire les ſpectateurs; auſſi quand ils s'aviſeront de mesler du Burlesque a la gravité de la ſcene, je vous promets de faire pleuvoir ſur eux la Dragée amere de la Satyre; & d'une main reſpectueuſe je mêlerai de l'Abſinthe dans le Nectar de la Flatterie qui les enyvre ſans ceſſe. J'ay l'honnour d'etre avéc le Reſpect le plus profond.

votre tres humble & tres obéiſſant ſerviteur

Du Bourg.

PREFACE.

Quelqu'un trouvera peut etre a dire, ſur ce que mes ouvrages ſont ſi courts; je n'ay qu'une choſe a lui repondre, c'eſt que j'ay trop de temps pour les faire plus longs. Si j'etois aſſiegé d'occupations etrangeres, je fatiguerois mes Lecteurs par des volumes enormes. La naiſſance des Livres eſt ſinguliere; l'Eſprit enfante avêc plus de facilité les gros que les petits; & le plus mauvais ouvrage, que l'on ait produit jusques icy, c'eſt le plus long. Il n'ya que les prejugés, & les paſſions aveugles qui parlent ſi long temps. Le bon gout conte les paroles, & ne prodigue que la raiſon.

Mais je m'amuſe a reflechir, & j'oublie, qu'une preface n'eſt inventée que pour

pour se donner a soy même l'encens que le public nous refuse tres souvent. J'ayme trop la mode pour m'en departir dans cette circonstance; & quoique ce ne soit pas trop ma methode, de parler en bien de ce que j'ecris, cepandant j'oserai dire icy (le tout pour la forme) que cet ouvrage n'est pas tout a fait exquis, mais qu'il ne s'en faut de gueres; tout s'y trouve assaisoné a la françoise. Portraits justes & delicats; reflexions fines & legeres; recits naifs, & bien ornés; que scais je? rien n'y manque; il me prend méme fantaisie de me placer au dessus de tous les autres ecrivains. Je ne trouve nulle part ce raport d'jmages, qui fait la beauté des Allegories; cela se trouve icy. Ce raporr ressemble a la parure d'une belle femme Françoise. Ses attraits paroissent etre faits pour ses ornements; du Reste si je me donne icy de si grands Eloges, ce n'est que pour me conformer a l'usage; Je suplie mes lecteurs de rabaisser tout ce panegyrique, & de le mettre au niveau de leurs propres pensées sur mon compte.

NU-

NUMERO XVII.

LETTRE XVII.

OROSMANI A TEMIRKAN.

Il dit encore des choses importantes sur le sujêt q'uil a deja Traité? il tire ensuite au clair, ce qui n'est encore connu de personne; & finit par le Duc d'Aramberg & les François.

SI Je netois resserré par les bornes les plus Etroites, je ferois icy quelque prelude; mais sans m'arreter nulle part, je vole en Baviere. J'y decouvre dabord certains petits traits. qui me font connoitre, que la paix de la Baviere estoit terminée des la mort du grand Calyphe. Avant que cette paix n'eclatat, L'ambassadeur de Baviere estoit deja rappellé de la cour de Madrid, & le Comte de Seinzheim avoit ordre d'aller resider a Mayence: en faut il davantage pour te persuader sur ce point? cepandant les Ministres de Baviere ont fort bien joué leur Rôle.

Il s'agissoit de faire payer a la France, toutes ces illuminations, q'uils ont fait trois ou quatre

quatre fois en Baviere, & de les engager a restituer les contributions qu'ils en avoint exigées tacitement sous pretexte d'arrerages, & de sommes necessaires pour recruter les Troupes; on a fait un Memoire de Douzé Millions. Ce Tresor est bientot arrivé; la joye estoit peinte sur le visage de ses guides; tant ils estoint charmês qn'il passat dans des mains plus pures & plus nettes. C'est pourtant une somme assès considerable que Douze Millions? mais c'estoit une affaire d'honneur; la France ne vouloit pas que le .Sylphe de Vindzor eut fait des reves inutiles. Que ne fait on pas quelque fois pour la Chimere; ils sont prêts a sacrifier tout pour elle: c'est une devotion bien prudente!

Aprês avoir reçu le Tresor, il falloit domner a la France des temoignages non Equivoques de la gratitude; ils etoint rentrés en Baviere par un seul chemin, & l'on vouloit les en faire sortir par mille. Tout estoit concerté, sur ce point, entre la Baviere & la Cour de Vienne; & l'Evenement prouve assès que les projets allemans sout bien plus justes que les Desseins François. Enfin la mêche estoit allumée depuis trois mois; & la mine a joué tout a coup. Je veux dire que cette paix est devenue publique.

Adieu

*a *** ce 3. May 1745.*

NUMERO XVIII.

LETTRE XVIII.

OROSMANI

A

TEMIRKAN.

Il reud visite au Mandarin de Belisle dans la Retraite de Vindzor; en revenant il Salue Milord Harrington, & de la il S'embarque pour Constantinople, fait un tour de promenade dans le Serail du Grand Seigneur : prond la Poste pour se rendre a St. Petersbourg, a Berlin, & a Munich; rebrousse ensuite Chemin pour se rendre a Vienne, & finit pour la premiere fois, sans dire un seul mot contre les François.

J'Avois annoncé dans ma derniere lettre, que J'allois devoiler un Mistere, qui n'estoit encore connu de personne; tu m'accuseras peut etre d'infidelité, parceque je suis lent a remplir mes promesses, ou que je les viole tres souvent : cette conduite n'est point si blamable que tu penses, elle merite même des Eloges; quelle apparence que les Visirs de Moscovie la suivissent avêc tant d'exactitude, si leur gloire s'y trouvoit interessée ! non sans

sans doute les Traités les plus solemnels ne sont point aussi sacrés que l'on pense; & pourvu que l'on puisse trouver quelques pretextes pour les decliner, ce qui ne manque jamais, surtout dans la cour d'Argentorix, & de Jugurtha : l'on peut alors les rompre sans consequence ; le seul interest est capable de mettre les Traités a l'abri de toute insulte : celui que lon vient de conclure a Vindzor sera respecté pour cette raison. Les conditions en sont assès curieuses ; & Phormion roy des Allobroges, ne les lira point avèc autant de plaisir que Soliman Roy des Mores.

Toute l'Angleterre ne doutoit point que le Sylphe de Vindzor neut eté pris par hazard; Maintenant ils ont a peine des legers soupçons contre cette misterieuse Captivité ; les Visirs de la cour des Londres, a la faveur de cette confiance ont cru pouvoir ourdir leurs trames sans trop de menagement. Les premieres ouvertures ont eté preparées par leurs Emissaires Secrets. Les Anglois ne sont point defiants, & Les Artifices les plus marqués passent devant leurs regards sans qu'ils les apercoivent: Les Chimeres de la Politique & de la Chimie les occupent sans cesse, & fixent leur attention. A la faveur de ce voile attaché sur leurs yeux par les mains de l'imagination, les Visirs Anglois se sont abouchés avèc le Sylphe de Vindzor; tout etoit preparé, & l'on a gouté un plaisir delicat, dont on est redevable au Mistere. Je regarde les Anglois comme un Mari

Jaloux

Jaloux dont L'Epouſe eſt d'une beauté raviſſante ; c'eſt là que la delicateſſe trouve ſon compte, quand on peut a ſon inſçu jouir de ſa charmante Moitié, tels ont été les plaiſirs du Congrez de Vindzor.

Et lon peut dire que le plaiſir le plus delicat dans cette feſte n'a pas eté pour les Viſirs Anglois ; tu ſeras de mon avis quand tu Scauras les conditions du Traité, cepandant comme ce n'eſt icy qu'un coup de jarnac que lon donne a tous les Alliés de la Cour de Vienne, & que cela ne deconcerte pas entierement les projèts de la cauſe commune, les Viſirs Anglois faiſoint bonne contenance a Vindzor, & leurs mains raffermies ont ſigné la capitulation de tres bonne grace. Ils accompagnoint cette complaiſance d'un ſourire fort gracieux ; & la ſerenité de leur Phiſionomie ne contraſtoit pas mal avéc celle du Sylphe ; tout cela ſe rapporte parfaitement bien aux engagements qu'ils ont pris, les voicy.

Ils promettent de ſe repoſer tranquillement a l'ombre des lauriers qu'ils ont cueillis devant Carthagene, & devant Toulon, & de laiſſer un libre Paſſage aux Batteaux Eſpagnols & Francois, rien n'eſt plus juſte ; aprés des Exploits ſi glorieux on ne risque rien a donner quelques moìs au repos. Ils veulent bien abandonner l'Italie a la Diſcretion de la France & de l'Eſpagne, & les Secours Puiſſants dont ils avoint flatté les Allobroges, ils promettent de les envoyer quand on n'en aura plus beſoin ;

 comme

comme les orages regnent Maintenant ſur les Mers, ils s'engagent a retarder ſi fort la marche des Couriers, que Tournay puiſſe etre pris, avant que la Reponſe de la Cour de Londres ait decidé quil faut faire lever le ſiege. Pour ces avantages, la France n'en accorde pas de moins conſiderables : elle s'engage a reſpecter l'Electorat d'Hanovre, & de ne point faire d'invaſion dans ce climat cheri, & dans ce Perou de l'Europe ; avant la Paix de la Baviere on murmuroit fort a la Cour de Pharaon ſur cet article ; mais depuis, la France le trouve fort equitable, & cette condition vient d'etre ratifiée une ſeconde fois depuis que l'Armée Autrichienne s'aproche du Necker & du Rhin. Bien plus on pretend que l'Election dun nouvel Empereur, s'eſt deja faite a Vindzor ; mais l'Allemagne en appelle au futur concile ; & depuis le changement de la Baviere il eſt aſſuré que le Diademe de l'Empire ne reſtera point ſur la teſte que le ſylphe a couronnée a Vindzor. Quoiqu'il en ſoit, il faut que je felicité icy l'Angleterre du choix qu'elle a fait depuis quelques Mois, & dont elle eſperoit de retirer de ſi grands avantages. Le Mandarin Carteret, quoiqu'il ne pretendit pas reuſſir dans ſes projets, vouloit pourtant qu'on fit des efforts apparents, afin de mettre un voile ſur ſes Manoeuvres ; ſon ſucceſſeur connoit bien mieux le genie de ſa nation ; Les Anglois ont l'Eſprit geometrique ; & les proportions ne leur Echapent Jamais excepté dans la haine & dans

l'amitié :

l'amitié : par tout ailleurs ils exigent un juste rapport ; & veulent que les grands succès accompagnent les grandes entreprises. Ils pardonnent au Mandarin Harrington, parcequil proportione tout. Depuis son entrée dans le Ministere, une espece de Léthargie sest Emparée des flottes & des armées Angloises : il est demontré dans Neuton que le sommeil Militaire ne moissona Jamais des Lauriers ; & l'Esprit Anglois ferme les yeux sur la conduite de ce Mandarin en faveur de la Demonstration.

Maintenant ce n'est pas trop mon chemin, que de passer a Madrid pour aller a Constantinople, mais c'est a l' Exemple de l' Armée Autrichiene de Baviere qui prend le chemin le plus long, pour venir delivrér celle du bas Rhin : il n'ya rïen a Madrid qui puisse aujourdhui divertir mes regards, q'ue l' Eclypse que lon remarque dans cette cour depuis quelque temps, c'est une constellation Ecclesiastique, dont les rayons ne font plus naitre la serenité sur tous les visages. Il ya quelque temps ; que son apparition egayoit toutes les Phisionomies, celles mème du Calyphe, & de sa Climene ; mais depuis que les Troupes Francoises nont pas jugé a propos de joindre leur activité a la Lenteur Espagnole, dans le Piemont ; cet evenement a fait grand tort à l'Eclat de l'Astre Episcopal ; c'est bien dommage !

Comme j'ay fait quelque sejour a Madrid, precisément pour le plaisir de m'egarer, je precipite mes pas pour arriver a Constantinople.

La sublime Porte garde une conduite bien singuliere en Europe ; il n'est point de Calyphe, qui ne l'Emporte par sa naissance & ses pri-privileges ; cepandant, Le grand seigneur les traite fort cavalierement ; ils envoyent tous des Ambassadeurs a ce calyphe ; il n'en envoye a personne : encore les loge til tous dans les Fauxbourgs de sa capitale, sans qu'il leur soit permis de se loger dans la ville : il vient de leur faire une declaration bien singuliere : depuis quatre ans que la guerre est allumée en Europe, il s'est amusé a considerer ce spectacle ; mais sans doute cela ne l'amuse plus ; il pretend, ditil, que cette guerre finisse, & que chacun demeure tranquille ; ou bien il prendra des moyens efficaces pour ranger a leur devoir ces Perturbateurs du repos public. C'est l'Angleterre & la Hollande quit l'ont prié de parler sur ce ton ; & s'il entendoit aussi peu raillerie, que son predecesseur Mahomèt second, jesuis bien assuré qu'Amelie auroit egard a ses Remontrances.

Le Mandarin Hindfort se flatte avèc le secours de l'Ambassadeur Hollandois, de pouvoir triompher de l'obstination des Visirs Moscovites. Je suis bien faché de lui prophetiser qu'il ne réussira point dans ses vues. Quel est le moyen dont on ne s'est pas servi pour leur dessiller les yeux ? leur aveuglement ressemble a celui de Tobie, il ne faut rien moins qu'un Prodige ; & Milord hindfort, n'en a Jamais fait qu'un ; Je veux dire le Traité de Breslau ; encore,

encore, comme on ne juge de ces choses que par l'evenement, lui dispute on quil yait eu du Miracle a cette Reconciliation; il ne faut pas etre grand orateur pour adoucir les Rigueurs de Pirrhus, en lui presentant une belle province.

La cour de Berlin, quoiquelle ne soit pas tranquille pour la Silesie, sourit quelque fois dans son imagination, de ce que des Allarmes vaines fixent les Visirs de Petersbourg, dans le parti le plus funeste a leur Patrie, & le plus avantageux pour elle. Ou ne doute pas a la Cour de Calypso que si lon envoyoit du secours a Cenobaldus, la cour de Vienne ne fomentat des seditions en Moscovie, pour faire passer le Diademe sur une tête plus amie : la Maxime d'Henri quatre Roy de France envers les Jesuites, ne conviendroit pas mal a le Russie : on faisoit entendre a ce calyphe qu'il estoit dangereux de rappeller ces Religieux de leur Exil; Je leur ferai tant de bien repliqu'atil, qu'ils seront bientôt mes amis. Calypso peut en dire autant envers Amelie, & la Raison lui sera redevable d'un tel Discours. La cour de Berlin pour mieux arreter les troupes Russiennes, avoit Demandé la Mediation de Calypso: cepandant cette Demarche pouvoit tirer a consequence; & la France même en prenoit ombrage; ce n'est pas que l'experience l'ayt rendu sage sur ce point; il est inoui que la France ayt Jamais eu des Alliés infidelles, mais il est toujours bon d'etre sur ses gardes, même quand

quand on a pour alliés les Calyphes les moins artificieux de l'Europe, tel est le cas present. Ces ombrages ont eté buntot dissipés; il ne s'agissoit que de changer en bons offices le terme de Mediation. Ce changement est sans doute bien peu considerable, & presque risible a tes yeux: mais les affaires generales de l'Europe n'en ont pas moins reçu, pour ainsi dire, une secousse generale. Dans ces Regions les prejugés ont quelque fois un Empire si puissant, que tu nescaurois te l'imaginer; on y prophane quelque fois les loix les plus sacrées & les plus fondamentales; & lon n'oseroit mepriser les formalités les plus legeres.

Depuis la paix de la Baviere les visirs d'Argentorix sont revenus de leur Etonnement; ils n'en ont pas même fait connoitre leur chagrin a la cour de Munich; ils ne sont pas trop aises que leur proye se soit envolée de leurs mains, cepandant ils ne deserperent pas de l'attirer encore une fois dans leurs Pieges; un changement disent ils, est lepresage assuré d'un second; c'est une Maxime que les Mandarins François ne perdront jamais de vue; on travaille encore tous les Jours a constater cette verité sur les Rivages de l'Oder en Silesie.

Jay promis de finir sans parler contre les Francois; Jaurois quelque envie de manquer a ma parole; car ma conscience est a la mode, & n'ayme rien tant que d'avoir les coudées franches; mais quand on est sur le chapitre de ces Messieurs, il faut en medire les heures entieres, ou bien on ne fait qu'ebaucher son sujet.

Adieu a *** ce 15. May 1745.

NUMERO XIX.

LETTRE XIX.

OROSMANI
A
TEMIRKAN.

Quoiqu'il nyait rien de nouveau dans le monde, il dit cepandant ce que personne n'a jamais dit avant lui; il passe ensuite du plaisant au serieux, & du serieux il revient au comique; il s'embarque aprés cela sur une Mer dant le nom est connu du Mandarin Rotundus, quoiqu'il ignore les premiers Elemens de la Geographie: De lâ il passe a Florence, intercepte une lettre fort curieuse; il resiste ensuite a l'envie qu'il auroit de plaisanter sur la Gaule Moderne, & raporte enfin un evenement par lequel il devoit commencer suivant l'avis de la Cour de Versailles, & qu'il devoit omettre, au sentiment de Semiramis & de ses Camarades.

LE Traité de Vindzor dont je t'ay parlé, cher Mandarin, n'estoit pas capable de calmer les allarmes de la Cour de Londres; il falloit encore que la Russie en fut garante, & que la France promit uue seconde

C de

de fois a celle cy que l'Electorat d'Hannovre feroit a labry de toute insulte. C'estoit le plus sur moyen d'arrêter les troupes Russienes & Danoises; Les Visirs de Russie ne se seroint Jamais consolés de se voir forcés a donner des troupes a l'Angleterre, parceque par contrecoup, la Cour de Vienne en eut tiré quelque profit. Ils sentent bien que la sureté d'Hanovre ne les degage point de leurs Promesses; mais ils sacrifient tout a leurs passions timides; & ne balancent point a donner un soufflet aux Autrichiens, quoiqu'il tombe sur la joue de l'Angleterre.

A ce propos je t'avouerai, sage Mandarin, que dans les affaires presentes de l'Europe, je ne donne point mes regrêts a ceux qui se trouvent dans l'embarras. Pourquoi ne pas prendre la Chemin le plus court pour arriver au terme qu'on se propose? le Calyphe des Hyberniens, depuis le commencement de cette guerre, auroit pu sans peine faire monter le troupes de son Electorat jusqu'au nombre de cinquante mille hommes; & combien de fois ne se seroit il pas aplaudi de cette demarche? aller aux extremités du monde pour y solliciter des secours presque toujours inutiles; se reposer de sa sureté, sur la Bonne foy toujours Equivoque d'une puissance qui n'a que tres peu d'interest a notre conservation; fraper a cent portes differentes; Demarches, que je ne pardonnerai Jamais quâ l'impuissance & a la foiblesse. Il est toujours plus avantageux de se mettre soy même

même en Etat de repousser la violence, que de se voir a la Discretion de ses alliés, quelque fois même de ses ennemis. De lâ ces pactes secrets si funestes a la cause commune: en vain se flattera t'on que la gloire n'en souffre pas, tous les temoins sont ecartés; mais la Raison à ses Espions jusques dans l'imagination même des calyphes; ainsi ce qui se passe a Vindzor n'echape Jamais a ses regards; Le Bon sens fait alors l'office de la Renommée, Et devoile ces Misteres iniques a ses favoris. Je ne deserpere pas, de voir un jour les Calyphes de l'Europe, je dis même les plus hupés, & les plus en etât de se passer de tout le monde, je ne deserpere pas de les voir faire des alliances avèc notre Empereur Choanty; se reposer de tout, sur le secours de troupes qu'il aura promis; mais non La Chine est encore trop a portée de seconder leurs efforts; ils penetresont jusqu'au Japon, & c'est lâ qu'ils trouveront des Alliés bien utiles. O sublime effort de la politique Européene! des puissances redoutables, & capables de defendre par elles memes leurs libertés & leurs privileges, Vont mandier vainement des secours par toute la terre; & rassurent leurs allarmes par des promesses Equivoques.

Ce n'est pas que je pretende appliquer cette maxime a tous les Calyphes de l'Europe; il y'en a trois que je regarde comme les branches principales; tous les autres doivent sy réunir. Ce sont les Cours de Vienne, de Petersbourg

 & de

& de Versailles; trois fleuves superbes, ou tout le reste doit se rendre; & la Rivalité de ces trois tètes illustres doit se borner entre elles, & ne pas s'etendre plus loin; nous pouvons apliquer cette maxime a l'Etat present de L'Empire.

Personne ne doute que la cause de la Cour de Vienne, ne soit en mème temps celle de tous les Princes d'Allemagne; a Versailles mèmes, ou les Prejugés ont un si Grand Empire on en est persuadé; ainsi le bon sens, & l'Equité ne pardonneront jamais a tous les calyphes d'Allemagne, qui se sont jettés dans le parti contraire a leur Patrie. Je n'en vois qu'un seul qui merite des Louanges; c'est le Calyphe de la cochinchine qui tient sa cour sur les rivages du fleuve Rhenus; en donnant ses troupes aux ennemis de l'Allemagne il en a voule metre une partie, a l'abri du ravage qui la Menaçoit. La fidelité que cette Maison illustre a toujours conservée pour la patrie est assès connue de toute l'Europe; Les Monuments dont les traces fument encore dans ses Etats, n'en sont que trop autentiques; pourquoi l'Empire ne le met il pas en Etat de suivre les penchans de son cœur, en le mettant a l'abri d'un voisin trop formidable? Ou sont les Barrieres qui defendent ses Etats de l'invasion? que les forteresses de la Lorraine, & de L'Alsace passent dans ses Mains, & l'on verra que jamais prince ne fut plus disposé a seconder les efforts de l'Allemagne. après cela si la Cour de Vienne vouloit

vouloit profiter des circonstances pour etendre son indignation sur la sagesse & la vertu de ce Calyphe ; qu'elle aprenne que la Raison & l'Equité qui nont trouvé que des sujèts de Triomphe dans toutes ses demarches, commencent a murmurer contre les ravages que l'on fait dans ses Etats.

Je n'en dirai pas de mème pour ceux qui l'ont entrainé dans cette demarche : tranquilles spectateurs de la sceneTragique dont on ensanglante l'Europe, ils sont inexcusables d'avoir voulu jouer des Roles si funestes a leur patrie; Tous les traits que la Cour de Vienne fera tomber sur eux, seront lancés par l'equité.

Maintenant il est juste de t'annoncer une nouvelle qui ne manquera pas degayer toutes les Phisionomies Chinoises ; quand l'Empire de Choanti, aprendra cet Evenement, la joye la plus vive percera le voile sombre dont tous les visages sont couverts; ils croiront voir revivre Confucius ce Maitre de la Raison; il sagit icy du nouveau Cesar que l'on destine a l'Allemagne. C'est le Fils adoptif d'Auguste, la plus grande partie des suffrages lui sont deja consacrés; il nya qu'un leger obstacle a tout cela; soixante mille François qui sont sur le bas Rhin, refusent dy joindre leur voix; cela ne gateroit rien, s'ils vouloint avoir cette complaisance ; ils Epargneroint la peine au fils d'Auguste, de se passer de leur suffrage. Ce calyphe est sur le point de se montrer dans l'Empire a la téte d'une Puissante Armée, a

fin

fin de prier tres civilement les François, de vouloir bien joindre leut suffrage a celui de tant d'autres.

Vne Lettre qui m'est tombée entre les mains vient icy fort naturellement; c'est un Baron Allemand qui fait quelques legers reproches aux Mandarins François, elle est conçue en ces Termes.

„ Les Ecrits dont vous inondez l'Allemagne
„ ne faisoint cy devant aucune impression sur
„ moy; Je ne les Lisois pas. Mais depuis
„ qu'il sagit de l'Election d'un nouvel Empe-
„ reur, vous mettez en Jeu les princes les plus
„ respectables de l'Empire, & vous ne gar-
„ dez point de mesures a leur Egard; un ve-
„ ritable Allemand ne peut s'empecher de lire
„ de tels ecrits; ils l'interessent trop. Qu'il
„ me soit donc permis de refuter en peu de
„ mots, ce que vous avés divulgué, & que
„ vous divulguerez dans la suite contre le
„ Grand Duc de Toscane, que la voix publi-
„ que appelle au Trone de l'Empire. Je pre-
„ tends, dis je, repondre icy a tout ce que
„ vous direz dans la suite, parceque l'inven-
„ tion n'est pas le partage de vos Ecrivains;
„ ils retournent cent fois la même chose: &
„ lon ny trouve aucune varieté. Encore leur
„ ferions nous peut être grace, s'ils nous de-
„ domageoint par la delicatesse du stile & des
„ pensées; mais il ne se sont point engagés
„ a cela; c'est fort bien fait a eux; il se se-
„ roint exposés a mauquer de parole; avoués

„ en

„ en effect que les grands orateurs ne se cou-
„ doyent gueres chez vous, & qu'il n'est pas
„ aisé de les rencontrer; tant ils se plaisent
„ a vivre ignorés. C'est une Modestie bien
„ admirable. Mais venons au fait; vous ne
„ trouvez point, dans ce prince les qualitez
„ requises pour etre Empereur; quelques cla-
„ irvoyants que vous vous supposiés, je dou-
„ te fort que vous ayez jamais une connois-
„ sance exacte des qualités dun bon calyphe;
„ Je vous conseille en bon ami, de ne pas per-
„ mettre a votre Raison de S'emanciper jus-
„ qua parler de Royauté, & de gouverne-
„ ment. Exercés votre Esprit a faire de jo-
„ liés chansons, de petites comedies, des com-
„ pliments delicats; mais la politique & le
„ droit des gens, c'est une autre affaire: que
„ voulez vous? on ne peut pas avoir toutes les
„ qualitez du Monde. Soyes jolis, aymables,
„ toujours gays; prenez lepas sur tous les au-
„ tres; cela vous sud bien: pourquoi sortir
„ de sa sphere, & vouloir raisonner? cela n'est
„ pas juste. Or donc, pour en revenir a no-
„ tre calyphe; vous pretendez nous dessiller
„ les yeux, & guerir notre aveuglement sur
„ les vertus que nous admirons dans lui; voi-
„ la dabord une pretension qui ne flatte point
„ notre vanité; nous sommes assurés que les
„ hommages qu'il recoit de notre part, ne
„ sont dus qu'a notre discernement. Que di-
„ riez vous, si nous venions d'une main au-
„ dacieuse, abbatre les autels que vous con-

„ sacres

„ sacrez a votre Monarque ; vous nous taxe-
„ riez d'injustice , & de mauvais gout. Ne
„ craignez point ; nous ne nous exposerons ja-
„ mais a ces reproches. Nous vous Laisserons
„ en liberté prodiguer a vos Calyphes tout
„ l'encens de l'Arabie & de l'Egypte ; Mais
„ de notre cotè nous croyons avoir le mème
„ privilege , & nous vous dispensons mème de
„ donner des conseils a l'Allemagne sur ce point,
„ nous sommes bien aises de vous dire que
„ nous nous croirions heureux d'avoir un tel
„ maitre. Dureste nous sommes bien fachés
„ de n'avoir pas en cela votre aprobation ; mais
„ cependant tout ira son train ; & comme nous
„ ne nous ingerons point a diriger vos hom-
„ mages, nous vous suplions de nous rendre
„ la pareille. Si vous avès la demangeison
„ décrire contre nos princes, choisissez du mo-
„ ins quelque homme d'esprit , & forcés nous
„ a pardonner a la Satyre en faveur du genie;
„ mais ces gros ouvrages , lourds, pesants ,
„ insipides , vulgaires , sans grace , & sans ele-
„ gance ; tout cela ne nous amuse point , &
„ je vous promèts de ne my ennuyer Jamais,
„ si vous ne cassés aux gages tous vos Ecrivains.

Je vois bien maintenant qu'il faut parler de la Bataille de Tournay. C'est un exploit trop glorieux a la France pour ne pas le celebrer &c. . . .

Adieu

A *** ce 23. May 1745.

NUMERO XX.

LETTRE XX.

OROSMANI

A

TEMIRKAN.

Il parle de ce que tout les monde sçait, mais il dit la dessus ce que tout le monde ignore : il fait ensuite quelques glozes, lance quelques Brocards & donne son congé aux bons amis de l'Allemagne.

J'epiois depuis quatre ans l'occasion de faire bruler quelque encens en faveur de ceux qui ne le meritent gueres ; elle est enfin venue ; avouons cepandant que la Fortune partage bien ses faveurs. On a dit de tout temps quelle etoit aveugle ; je lui trouve un discernement tout a fait delicat : elle se range toujours du parti de la force & de la Sagesse. N'a telle pas raison ? Les Alliés rassemblent une Armée a la hate : elle devoit etre de quatrevint mille hommes ; elle est a peine de cinquante ; leurs quartiers etoint disposés le mieux du monde ; ils ont le chagrin de voir leurs places investies, avant qu'ils se reveillent de leur assoupissement; ne meritent ils pas les Politesses qu'on leur a faites? Je suis fort de leurs amis, & le cœur est toujours de la partie, quand je fais leur panegyrique; il est même aujourdhui l'auteur des traits que je lance sur eux. S'ils avoint été capables d'assaillir les Batteries des François, en même temps qu'ils ont culbuté leur armée; Fontenoy devenoit un second Ramelies; leur defaite estoit inevitable, & jamais ils neussent pu se rallier. Ce n'est pas des mains de l'experience, ou de la valeur, qu'ils ont recu les Lauriers de cette Journée. C'est a la foiblesse de leurs ennemis, qu'ils en sont redevables. Dailleurs, n'yavoit il pas mille moyens de Secourir Tournay, sans attaquer les assiegeans dans la situation la plus avantageuse? quand le Roy de Prusse voulut tirer les Autrichiens du Poste de Budveis, il neut garde de vouloir les y forcer. Il fit semblant de diriger sa Marche en Moravie, & ses ennemis vinrent aussitôt, se faire battre dans une belle plaine. Voila ce que c'est que l'art de la guerre.

Ce n'est pas qu'il n'yait des choses dignes d'admiration dans la conduite des Alliés a Fontenoy. Leur attaque, & leur Retraite meritent les plus grands Eloges; & Xantippe a fait voir aux moins clairvoyants, qu'il peut etre compté parmi les plus grands Capitaines de l'Europe. Mais il ne suffit pas que l'Esprit d'un general soit asses etendu pour ne laisser presque rien echaper; il faut encore qu'il em-

brasse

braſſe tout dans un jour de Bataille. Si ce general à dabord connu la diſpoſition des Batteries Françoiſes, pourquoi leur a t'il expoſé les Flancs de ſon infanterie ; il eſt trop clairvoyant pour n'avoir pas prevu que l'Infanterie Angloiſe enfone ce roit les Bataillons Ennemis ; c'eſt un Axiome recu dans toute l'Europe. Jamais les François ne pourront ſoutenir le premier Choc des Legions Britanniques ; il pouvoit batir ſur ce fondement avèc toute ſureté, mais il n'eſtoit pas moins evident que les Batteriés Francoiſés donneroint au Comte de Saxe le temps de rallier ſes troupes fugitives, & perceroint de toutes parts la Phalange Britannique. La guérre eſt, je l'avoue, une eſpece de jeu ; mais la ſageſſe peut ravir presque tout au hazard ; diſons mieux, tout depend pour ainſi dire du Calcul dans un jour de Bataille ; & comme ceux qui perdent ont toujours tort, le Comte de Saxe, ſçait tout au moins, auſſi bien l'Algebre que ſon Rival.

Bién plus, je crois que lon peut porter les actions Militaires j'usquá la Demonſtration ; Tandisque Turenne fut apprentif, il eſſuya quelques Disgraces ; mais fut il une fois paſſé maitre ; ſes amis ne furent plus occupés qu'a le feliciter de ſes Triomphes. La ſeule eſperance ne l'entrainoit pas dans le Champ de Mars ; il eſtoit aſſuré de vaincre.

Tel eſt aujourdui ce fameux general que la Cour de Vienne envoye dans L'Empire, le Comte de Traun. Heretier des Talents du Comte te de Kevenhüller, il n'a pas besoin d'en venir a des Batailles pour deconcerter les projêts des ennemis. Dans le temps même qu'il est eloigné, la seule ordonnance de ses troupes, jette la confusion parmi ses ennemis : L'Armée Françoise du bas Rhin se disperse a son aproche. A ces manœuvres je reconnois l'auteur de passage de Rhin, le vainqueur de Campo santo, le defenseur de Turin, & le sauveur de la Boheme. C'est ce grand Capitaine que le ciel reservoit pour executer les grands Projets du Comte de Kevenhüller; Joserai même avancer icy que la mort de ce dernier a pour ainsi dire, été avantageuse a la Cour de Vienne; C'est que le premier Capitaine de L'Europe, a par la, pris la place du second : Je veux dire que les Talents du Comte de Traun, sont superieurs aux qualités de Kevenhüller. Je lui reconnois encore plus de Justesse dans l'Execution; quoique ni l'un ni l'autre nayent Jamais eu le deplaisir de connoitre leurs Pareils: ils ont toujours été sans rivaux.

Adieu

A *** ce 2. Juin 1745.

NUMERO XXI.

LETTRE XXI.

OROSMANI A TEMIRKAN.

Il fait un recit qui sera desagreable a presque toute l'Europe; il passe ensuite a quelques incident, & finit en metiant les affaires de l'Europe dans leur veritable point de vûe.

Ne seroit il pas bien fait a moy, de passer sous silence les exploits de Pigmalion? il veut a toutes forces entrer dans le temple de la gloire; il s'agite, il se travaille, il publie avêc emphase ses triomphes, & ses victoires; mais je lis sur toutes les Phisionomies, un Oracle, qui n'est point propice aut petit Homme. Il n'aura jamais que la gloire de Catilina, du Connetable de Bourbon, & de cet incendiaire qui detruisit le plus beau temple de l'univers. Son nom ne perira jamais; a ce propos je t'avouerai, cher Temirkan, que le Dieu du Ciel nous traite bien cavalierement; l'on diroit qu'il s'etudie a chagriner tout le monde: tout cela ne s'accorde guerez avêc la belle politesse. Car enfin si Pigmalion etoit plongé dans le chagrin, toute l'Europe riroit du meilleur cœur du monde : ce feroit un plaifir tres delicat pour la Raifon & pour la Vertu de puis long temps on foupire après cette fatisfaction : elle ne vient pas. Cepandant tu cefferas d'en être furpris, quand tu Scauras que Dieu du ciel nayme point les feftes d'eclat ; & que la ferenité de tous les vifages eft un point de vue qui ne l'amufe point. Il ne fe plait a rire quautant qu'il rit tout feul. Ces dernieres paroles appartiennent a Confucius, & renferment le Bonfeus le plus delicat.

Il faut cependant ne pas oublier le grand evenement. C'eft la victoire la plus complette, la plus decifive dont on ayt entendu parler ; mais par parenthefe, ne connois tu pas une certain Dama appellée l'Ironié ? J'ay l'honneur de la connoitre auffi ; cela foit dit en paffant, & revenons a notre fujêt, a Bataille de Friedberg en Silefie, eft fans mentir la plus belle chofe du Monde, trois mille tués ou bleffés ; cela fait trembler : on ne peut pas y tenir. Hoechftett, Ramelies, Malplaquet, la Bataille de Poitiers, celle de Pavie, tout cela n'aproche point de celle cy, en verité fi Pigmalion va toujours le même train, je ne fçais pas trop comme la belle Didon fe tirera d'affaire voila bien des eloges pour les vainqueurs ; cependant ne t'avife point d'en retrancher la moindre partie ; tout ceci eft de la derniere exactitude. Sçais tu bien, cher Temirkan, qu'il n'eft même pas permis d'en rire. Cependant

pendant ne te chagrine point, si ta gravité se deconcerte en lisant tout ceci : je ne suis pas mal avêc la Raison, & je me charge de te faire trouver grace a ses yeux.

Ce petit incident dont je viens de parler n'éloigne point l'evenement decisif que l'on prepare depuis quelques mois. La route qui doit conduire le nouveau Cesar sur le Trone de ses ayeux, sera bientôt libre de tous les obstacles ; & dans un mois, le Labyrinthe des affaires de l'Europe sera purgé du Minotaure qui depuis trop long temps infeste nos Rivages. Tu n'aurois pas cru, cher Mandarin, que le bon sens s'erigeat en prophète ; tous les Oracles sont d'ordinaire l'ouvage de l'Imagination : cependant ce que je viens de predire c'est la raison qui me l'a dicte.

Il y a quelque chose de singulier a tout cela ; depus je commencement de cette guerre, les deux partis contraires, ont eu mille fois du haut & du bas, je me suis amusé quelques fois a epier cette main invisible, laquelle fait mouvoir la grande Roue des affaires du monde. Soit par caprice, soit par des raisons inconnues, quand nos Calyphes se croyent a la cime, au plus haut sommet ; cette main redouble alors le branle de cette Roue, & voila nos Calyphes par Terre.

Les intrigues de l'Europe, ressemblent parfaitement, a l'intrigue d'une piéce de Theatre. Le denoument excite toujours quelque surprise dans celle cy : la Providence garde tres bien les

loix

loix de la comedie le Denoument des grandes affaires des Calyphes, eſt toujours tout autre qu'on n'eut penſé. Cependant, quoique la marche de la Providence ſoit fort cachée, la raiſon ne perd pas ſes peines a l'Epier; elle la trouve quelque fois ſur le fait. & rencontre ſes traces. Ainſi, a vûe de paris mon cher Mandarin, le Denoument de cette grande Tragedie. fera ſourire la charmante Didon. Le ſeul Tiridate laiſſera couler quelques carmes.

Maintenant enviſageons les affaires de l'Europe dans ce juſte point de vue, ou le Bon ſens doit les regarder. Depuis la mort de l'Empereur, les Alliés de la Cour de Vienne, ont borné leur attention, a faire rentrer la Couronne Impériale dans cètta Maiſon celebre, qui l'a portée pendant bien de ſiecles, avec tant de gloire & de Dignité. C'eſt ce projet qui fait l'incident principal, & qui doit enfin produire les effects les plus merveilleux en faveur de la Cour de Vienne & de ſes Alliés. Jusques la tous les evenements qui ſe paſſeront dans les Païs bas, en Italie, & ſur l'Oder, ue meritent que la plus legite partie de notre attention. Preſque tous nos regard, doivent ſe réunir ſur les rivages du Mayn. C'eſt la pour ainſi dire que repoſent les Deſtinées de l'Europe; diſons mieux, c'eſt le général Traun que l'on en a fait depoſitaire; jamais elles ne ſe trouverent dans de meilleures mains.

Adieu

A*** ce 12. Juin 1745.

NUMERO XXII.

LETTRE XXII.

OROSMANI

A

TEMIRKAN.

Il fait quelques Reflexions Chinoises, plaisante sur les Batailles gagnées, & termine sa courte carriere par le Panegirique des François.

Rien ne me divertit tant, cher Orosmani, que la maniere dont tu publies la victoire des François & celles de leur Allié. Comme j'ay l'humeur singuliere, j'ay enfin trouvé l'occasion de rire tout seul. Cependant ne t'imagines pas que les petits succés des ennemis de la Cour de Vienne ayent produit cet effect sur mon esprit. Je suis bien leur serviteur; mais quant a ma prædilection, ils auront le bonté de s'en passer.

Ainsi; c'est plutôt a la tristesse generale de l'Empire Chinois, que je suis redevable de ma joye. Cela te paroitra fort singulier Cher - Orosmani; que veux tu? il y a certains momens ou je me trouve bati le plus plaisament du monde. Alors si je voyois l'univers entier dans le desespoir, je crois que je mourrois de jeye mon plaisir n'a pas été leger dans cette circonstance: je viens de t'en dire la raison.

Sçais tu bien cher Orosmani, que l'on peut dire de la joye, ce qu'on dit de tout le reste, elle est d'autant plus piquante, quelle est moins vulgaire, si tout le monde estoit joli, il n'y auroit plus de plaisir l'etre. ainsi je porte envie a la joye de François & de leurs Allieés: aprés ces victoires ils ont la consolation de rire tout seuls, & de faire bande a part. En effect, n'ont ils pas été regalés du spectacle le plus enchanteur? ils ont vu tout le reste du monde s'affliger de leurs Triomphes: c'est l'ombre du tableau, laquelle donne Pour ainsi dire de l'éclat a la lumiere meme. Je me persuade encore, que les Relations hyperboliques dont ces Messieurs fatiguent le public, doivent trouver créance dans l'esprit de tout le monde. C'est que l'on croit aisément ce que l'on craint avec passion. Je t'ay promis l'eloge des François: je te charge de la commission.

Adieu.

A Peckin ce 40. de l'année du Tigre.

NUMERO XXIII.

LETTRE XXIII.

OROSMANI

A

TEMIRKAN.

Il dit des choses surprenantes sur la Bataille de Friedberg : & il en parle si serieusement qu'il n'est pas possible de s'empecher d'en sourire ; il finit par l'eloge des François.

L'on dit, cher, Mandarin, que l'encens que les François & leurs Alliés se prodiguent après leurs deux victoires, t'a fait faire la grimace : je n'en suis point surpris ; cet encens n'est de bonne odeur que pour eux : d'ailleurs personne ne peut s'en accomoder : & cette fumée tourmente tout le monde.

Mais de ton coté ne feras tu pas surpris, quand j'avancerai que les Autrichiens ont perdu la Bataille de Friedberg, qu'ils l'ont gagnée en même temps ? C'est sans doute un Paradoxe fort singulier, mais il n'en est pas moins vrai. bien plus je ne devoilerois pas cette espece d'Oracle, si je n'avois a faire qu'à

toy,

toy: je ſuis aſſuré que tu le comprends de ja. & pour ne pas dire les choſes avêc peſanteur, e me contente d'avancer que je ne ſouhaiterois qu'une ſeule choſe dans le circonſtance preſente : c'eſt avoir le commandement abſolu des Flottes Angloiſes, & de l'Armée Autrichienne de Sileſie. Il y auroit Bataille tous les jours ni les Pruſſiens en Sileſie ni les Francois ſur la Mer, n'auroient pas la peine de me chercher, je la leur apargnerois. Je Perdrois toujours le champ de Bataille, & la moitié plus de monde ; cependant je celebrerois mes pertes, avêc autant de faſte & de joye qu'ils celebreroint leurs victoires. Je ſerois fondé ſur cette maxime, que celui qui perd beaucoup & qui peut facilement reparer ſes pertes, gagne pour ainſi dire en comparaiſon de celui qui perd peu, mais qui n'eſcauroit le reparer. Si la Cour de Vienne faiſoit retentir ſes Temples, ees chants d'Allegreſſe, pour la Bataille de Priedberg, la raiſon ne manqueroit pas de leur aplaudir. Cinq ouſix journées de Friedberg, vaudroint la Sileſie a ſes Maitrés legitimes.

Au reſte, je n'eſcaureis m'acquiter de la Commiſſion dont tu m'as chargé. Quand on veut faire le Panegyrique de la France: il faut bien du temps pour chercher & decouvrir le bel endroit. & c'eſt le temps qui me manque. Ainſi je te renvoye la Bale.

Adieu

A *** ce 20. Juin. 1745.

LETTRE XXIV.

TEMIRKAN
A
OROSMANI.

Il dit ce qui ne peut être desavoué de personne, il raconte ensuite un evennement fort singulier; & fait un parallele de la Chine avec la France.

DEpuis les deux Batailles mes regards ont joui d'un spectacle bien charmant. Oui, cher Orosmani, tel est l'Empire de la vertu dans ces climats fortunés, les moindres malheurs dont elle est affligée, font de fortes impressions sur le cœur de tous les Chinois. On a cru d'abord que tout étoit perdu en Silesie, & tous nos Socrates ont vu leur Quietisme & leur Philosophie se deconcerter tout a coup. Choanty lui même, s'est montré sensible a cet Evenement; & si la perte avoit, été aussi grande qu'on se l'étoit imaginé, tout l'Empire Chinois auroit été dans le Deuil.

Ainsi, cher Mandarin, tu peus annoncer aux habitans de l'Europe, que les vertus de la plus illustre des Reines, recoivent des hommages dans les climats les plus éloignés.

N'en doute pas cher Orosmani, si des Espaces immenses ne nous seperoint de l'Allemagne, nous marcherions deja sous les Etendarts de Livie. Je lui donne ce nom avec confiance; elle le portera bientôt; & le discernement de tous les Princes d'Allemagne le lui garantit assés. Cepandant la part que nous prenons à leurs affaires, doit ce me semble, bien flatter ces Messieurs; il est in inoui que nous ayons jusques ici porté nos regards sur les Evenements de l'Europe: & Livie seule aura la gloire de nous avoir interessé par ses Destineés.

L'Evenement dont je tay promis le recit, paroitra bien singulier aux habitans des Gaules. Depuis trente siecles l'Empire du Japon, avoit observé les Traités qui nous unissoint. Leur calyphe vient de violer un des articles les moins essentiels: & nos Mandarins ne peuvent croire que les hommes, soint capables d'un tel attentat: ils accusent la Renommée, de mauvaise foy. tant ils sont persuadés que ces engegements solemnels, qui sont comme la Base de la tranquillité publique, furent toujours sacrés aux yeux de la Raison. après cela, craindras tu d'avouer que la Bonne foy reside aussi souvent dans ces Regions, que sur les Rivages de la Seine? mais tu ne me parles plus du Tribunal des Ritz; cepandant je suis affamé de portraits, & j'en attends de ta part a la premiere occasion.

Adieu.

A Peckin ce 6. du mois de Tankabut.

LETTRE XXV.

OROSMANI

A

TEMIRKAN.

Il sorte d'une affaire laquelle est ignorée de tout le monde, & finit par des Portraits.

LEs Mandarins François viennent de nous annoncer dans deux Ecrits Burlesques, deux nouvelles fort surprenantes. La Cour de Vienne, disent ils, pretend gener les suffrages de l'Election, & ces Messieurs ne sont en Allemagne que pour l'Empecher; nous avions certainement besoin qu'ils nous donnassent cet avis, car sans cela, nous n'en aurions pas eu le moindre vent. aprés cela, comme le Mandarins François sont d'une candeur admirable, on ne peut se dispenser de les en croire sur leur Parole. tout est contraire a ce qu'ils nous annoncent, mais depuis quatre ans la verité n'a pas trouvé moyen de se faufiler avêc eux: quelle apparence, qu'ils soint brouillés avêc elle pour toujours! mais venons aux Portraits.

Tiridate est d'une bonté de cœur, qui fait

la gloire de l'humanité ; tous ses discours & toutes ses actions partent de cette source. malgrê cela son esprit ne sacrifie jamais a son cœur les plus legeres decences ; il représente avec dignité & la raison n'a jamais besoin de detourner ses régards quoiqu'elle observé toutes les demarches de Tiridate.

Milon est l'Antipode d'un homme poli par le societé des honnetes gens. son Esprit & son cœur sont d'un accord merveilleux: ils sont convenus de se passer toutes les petitesses & tous les defauts dont les hommes sont susceptibles.

Socrate Ministre de Theodoric est un Mandarin de poids: ses manieres uniformes, polies, sensées apprivoisent les préjuges que l'on a toujours contre sa nation ; on lui pardonne d'etre François parcequ'il n'en a que la Politesse: & son merite assaisonné à l'Allemande se fait gouter par la Prevention & la Defiance.

Adieu

A*** ce 29. Juin 1745.

gi

Lettre de Mr. de Voltaire au Roy de Prusse.

Du heros de la Germanie,
Et du plus belesprit des Roys,
Je n'ay reçu depuis trois mois,
Ni beaux vers, ni prose Jolie.
Ma Muse en est en Lethargie.
Je me reveille aux fiers accents,
De l'Allemagne ranimée,
Aux fanfares de notre Armée,
A vos Tonnerres menacants,
Qui se mêlent aux cris perçants
De cent voix de la renommée.
Je vois de Berlin a Paris,
Cette Déesse vagabonde,
De Frederick, & de Louis
Porter le nom au bout du Monde.
Ces noms que la gloire a tracés
Dans un Cartouche de Lumiere;
Ces noms qui repondent assés
Du bonheur de l'Europe entiere.
S'ils sont toujours entrelassês,
Quels seront les heureux Poëtes,
Les chantres boursouflés des Roys,
Qui pourront elever leur voix,
Et chanter ce que vous faites:
Vous, qu'en vos mains j'ay vu porter
La Lyre & la Lance d'Achille;
Vous qui rapide en votre stile,
Comme dans vos exploits divers,
Faites de la Prose & des vers,

Com-

Comme vous prenés une Ville:
D'Horace heureux imitateur,
Sa gayeté, ſon eſprit, ſa grace,
Ornent votre ſtile enchanteur;
Mais votre Muſe le ſurpaſſe,
Dans un point cher a notre coeur;
l'Empereur protegeoit Horace,
Et vous protegés l'Empereur.
Fils de Mars & de Calliope,
Et digne de ces deux grands noms,
Faites le Deſtin de l'Europe,
Et daignés faire des chanſons:
Et quand Themis avêc Bellone
Par votre main affermira
Des Ceſars le funeſte Trone;
Quand le Hongrois cultivera,
A làbry d'une paix profonde
De Tokay la vigne feconde,
Et que par tout on chantera
Le pacificateur du Monde,
Mon Prince a Berlin reviendra;
Mon Prince a ſon peuple qui l'ayme
Liberalement donnera,
Un nouvel & bel Opera,
Qu'il aura composé lui même.
Chaque auteur vous applaudira,
Car tout envieux que nous ſommes,
Et du merite & du grand nom,
Le Poëte eſt toujours fort bon
A la tête de cent mille hommes.
Mais croyés moy, d'un tel ſecours,
Vous n'avés pas beſoin pour plaire;
Fuſſiés vous pauvre comme Homere,

Com-

Comme lui vous vivrés toujours.
Pardon, si ma Muse legere,
Que souvent la votre enhardit,
Ecrit toujours au bel Esprit,
Beaucoup plus qu'au Roy qu'on revere.
Le Nord, a vos sanglants progrês,
Vit, des Roys le plus formidable,
Moy qui vous aprochois de prez,
Je ne vis que le plus aymable.

LETTRE
A Mademoiselle de ..... sur le plus grand outrage que l'on puisse faire au sexe.

Flatté par un doux badinage,
Porté sur l'aile des Desirs,
Mon cœur voloit vers ce rivage,
Ou des Ris la troupe volage,
A rassemblé tous les plaisirs;
Et cette fleur, que l'Aurore
Dez le matin de vos jours,
Tardoit si fort de faire eclore
Dans le Printemps de vos amours,
N'auroit pas la gloire encore
De conserver tous ses atours.
Seduite par mon Exemple,
Vous me livriés ce Temple,
Ou les amours les plus vantés,
A l'ombre des Myrtes aymables,
qui parent ces bords enchantés
Cuillent les fleurs les plus durables.
Asyle pur, chastes autels,
Lieux Cheris, retraite sacrée,

Dont l'audace des mortels
Ne prophana jamais l'entrée:
Temple adorable ou la Nature,
Sous la plus riante parure,
A renfermé tous ses tresors;
A cet aproche quels transports!
Mais dans cette tendre orgie,
M'enviant de si doux plaisirs,
Un Dieu me plonge en lethargie,
Et ne me laisse que des Desirs:
Tandisque la seule esperance
Par le charme de ses accents,
Dans le sein meme de l'absence,
Vient encore reveiller mes sens:
Oüi, sous les yeux de la victoire,
Vangeant mon amour éperdu,
Vous me verrés rendre a ma gloire,
Tout le lustre qu'elle a perdu.
Puissai je par des traits de flamme,
Dans les transports les plus doux,
Vous donner cent fois mon ame,
La recevoir cent fois de vous,
Et dans des torrents de tendresse,
Me perdre, & vous trouver sans cesse.
Puissions nous charmés par l'amour,
Et ses plus vives etincelles,
Dans des extases eternelles,
Renaitre & mourir tour a tour.
Et que la troupe alterée,
Des transports & des Desirs,
Du vin de cette urne sacrée
S'enyvrent avec les Plaisirs.

www.ingramcontent.com/pod-product-compliance
Ingram Content Group UK Ltd.
Pitfield, Milton Keynes, MK11 3LW, UK
UKHW020248180726
13839UKWH00001B/248

9 782329 278568